NUEVOS DEBATES PARA LA COMUNICACIÓN Y LA FILOSOFÍA

— *Colección Comunicación y Filosofía* —

NUEVOS DEBATES PARA LA COMUNICACIÓN Y LA FILOSOFÍA

Editores

José Candón Mena
Mª Luisa Cárdenas Rica

Autores
(por orden de aparición)

Mª Luisa Cárdenas Rica
José Candón Mena
Jesús López de Lerma Galán
José María Menéndez Jambrina
Cristina Martín-Jiménez
Alba Carballo Castro
Juan Núñez Valdés
Irene Zapata Sánchez
Patricia Torres Hermoso
Daniel Moya López

EGREGIUS
ediciones

NUEVOS DEBATES PARA LA COMUNICACIÓN Y LA FILOSOFÍA

Ediciones Egregius
www.egregius.es

Diseño de cubierta e interior: Francisco Anaya Benitez

© Los autores

1ª Edición. 2019

ISBN 978-84-17270-91-9

ÍNDICE

NUEVOS DEBATES PARA
LA COMUNICACIÓN Y LA FILOSOFÍA

Hay un amplio consenso en al menos algunas de las características principales que definen la naturaleza humana. El hombre, la mujer, como otros animales, es un ser social, político (el *zóon politikon* aristotélico). Pero a diferencia de otros animales sociales poseemos la capacidad del lenguaje (y por tanto el conocimiento, la comunicación y la ciencia) y aplicamos estas capacidades para crear y usar herramientas complejas (la tecnología, fruto del trabajo y la cooperación social).

La importancia de ello se hace evidente cuando definimos la historia humana a través de la tecnología de cada época. La edad de piedra, de bronce o del cobre hacen referencia a los materiales usados para crear las primeras herramientas. El neolítico se define a partir del descubrimiento de la agricultura y el pastoreo. La era industrial comienza con el uso intensivo de las máquinas. Más aún, la escritura, una invención asociada al propio lenguaje, establece el punto de inflexión entre la prehistoria y la historia. Quizás junto con la agricultura, la escritura y la imprenta –tecnologías comunicativas– puedan considerarse las mayores invenciones de la humanidad.

El impresionante desarrollo de la tecnología humana no hubiera sido posible sin la cooperación social a través del lenguaje (primero hablado, luego escrito, más tarde impreso). El hombre es un ser social incluso antes de disponer del lenguaje y la tecnología, incluso antes de ser hombre (ya que evoluciona a partir de homínidos sociales). Resulta pues lógico que el lenguaje sea una institución social. La propia tecnología es también fruto de la cooperación social, trasmitida de generación en generación a través del aprendizaje y la socialización. Fruto del trabajo humano socialmente coordinado.

Pero la tecnología, producto social del hombre, modifica también las bases sociales en las que surge. Tiene consecuencias, a veces inesperadas, en la propia organización social en que se concibe. La producción de alimentos, con la agricultura y el pastoreo, generó excedentes que mejoraban la capacidad de supervivencia, pero también permitió la acumulación y la estratificación social y de género, organizaciones políticas fuertemente jerarquizadas, imperios. La industrialización, tras una fase inicial de utopismo progresista, abrió el debate sobre la "cuestión social", la alienación y la pauperización de las masas proletarias. La paradoja del desarrollo tecnológico es que invenciones que en teoría mejorarían sustancialmente la vida humana pueden acabar, en la práctica, sometiendo a la mayoría de la gente a condiciones de vida más duras que las precedentes.

Sabemos por los antropólogos que en las sociedades agrícolas la mayoría de personas trabajan más horas y con mayor fatiga que en las sociedades forrajeras de cazadores y recolectores. También que en las sociedades agrícolas con arado el papel de la mujer es de mayor sometimiento. Que la irrigación de los campos está relacionada con la jerarquización social y la creación de estructuras políticas imperiales. Que el liderazgo débil y meramente consultivo de las sociedades forrajeras, basado en las capacidades especiales, el trabajo y la generosidad de los "grandes hombres", se transforma en liderazgos ejecutivos, basados en la explotación, de reyes por derechos de sangre o divino en las sociedades agricultoras.

Sabemos por historiadores y sociólogos que los obreros de la era industrial, lejos de mejorar sus condiciones de vida frente a los campesinos, sufrieron un hacinamiento, insalubridad, pobreza y explotación que alarmaron a la sociedad de la época.

La tecnología nace de un contexto social e influye en la misma sociedad en la que surge. Si esto es cierto en general, resulta aún más evidente para las tecnologías comunicativas, ya que el lenguaje y la comunicación son la base de la sociedad humana.

La escritura no solo permitió la transmisión de conocimientos acumulados a través de las generaciones. También, apropiada por las elites políticas surgidas de la revolución agrícola, sirvió a la organización burocrática de los grandes imperios y al dominio simbólico de la religión. La imprenta y la alfabetización favoreció la construcción de un espacio público para la expresión y la circulación de las opiniones. La radio y la televisión estimularon el individualismo y la democracia de masas. Cada medio de comunicación prescribe en parte un modelo de organización social, aunque nunca lo determina. La tecnología condiciona, pero es la sociedad la que decide.

Desde Aristóteles a Lledó, desde el Crátilo de Platón al estructuralismo de Saussure, desde Habermas a Wright, y particularmente tras el llamado "giro lingüístico" de la teoría social y política, resulta evidente la convergencia necesaria entre Filosofía y Comunicación. La Filosofía es pensamiento, y el pensamiento es una conversación de la persona consigo mismo pero también -como ha señalado el constructivismo social-, con el contexto social, es decir Comunicación.

En este volumen, se recogen algunas de las aportaciones que actualizan la relación contemporánea entre la Comunicación y la Filosofía. Hoy gracias a la constante innovación de la humanidad disponemos de una nueva tecnología comunicativa a la altura de la revolución que supuso la imprenta. Internet abre nuevas posibilidades para la emancipación y la democracia, pero también para el control y la vigilancia, para el individualismo y en enclaustramiento social. Surgen nuevos debates, como por ejemplo sobre las llamadas *fake news* que nos remiten a las discusiones sobre la retórica en el periodo helenístico o el principio de publicidad habermasiano, sobre la calidad discursiva de la democracia. Desde el feminismo, se ponen en cuestión algunos preceptos de la teoría deliberativa clásica, cuestionando por ejemplo la concepción del ciudadano y el ámbito de la ciudadanía, la distinción entre lo público y lo privado, los tipos y formas de discurso aceptable en el debate público, los foros y espacios en los que tiene lugar la deliberación, los factores de desigualdad real que cuestionan la igualdad formal como requisito para la participación o el modelo consensual sobre la definición del bien común. Paralelamente, se recupera y reivindica la memoria no escrita y no contada de la mujer en la historia.

Siete autores se enfrentan a estos debates y discusiones enmarcados entre la Comunicación y la Filosofía.

Jesús López de Lerma Galán somete a la indagación filosófica el concepto de libertad de expresión actualizando metodológicamente los posicionamientos de Locke y Montesquieu. En su texto, la libertad de expresión se perfila como una garantía que busca alcanzar el sentido último de las manifestaciones de una persona. La expresión en libertad de ideas y su consolidación como derecho fundamental ha sido determinante en las revoluciones liberales para promover el nacimiento de un prensa libre, que se enfrenta a la censura de las estructuras de poder. Concluye la reflexión señalando cómo la aportación intelectual de los ilustrados contribuye a desarrollar un nuevo concepto de "libertad en la comunicación" de origen filosófico, lo que exige relacionar los conocimientos filosóficos con el periodismo y la teoría de la comunicación, incidiendo en el origen de la libertad de prensa como derecho. La prensa libre es así el reflejo de la proclamación racional del hombre, que lucha frente a los abusos de las estructuras de poder, y por tanto clave para la democracia.

José María Menéndez Jambrina analiza la estereotipación de los informativos televisivos abogando por una televisión útil como medio de educación de la ciudadanía. Analiza cómo las noticias en televisión se han "estereotipado", en el sentido de ausencia de sentido crítico y análisis periodístico sustituido por esquemas repetitivos cercanos al sensacionalismo y que obvian las causas que producen los hechos que se difunden. El ruido mediático oculta información verdaderamente útil, que genere reflexión y conocimiento en el público al que se dirige. Aboga el texto por reivindicar el papel de la televisión como un servicio público vital para la construcción de una ciudadanía democrática. En particular, el papel de los entes de comunicación públicos como "plataformas educativas colectivas", que propongan modelos de comportamiento y referentes sociales. En cierto sentido, aludiendo a ejemplos televisivos como el programa *La Clave*, dirigido por José Luis Balbín, se postula una revitalización de la esfera pública mediática como espacio de debate y discusión racional al estilo habermasiano. Debates como los de *La Clave* en torno a temas como el aborto, la transición política o la economía, que desde la esfera de la opinión pública llegaban incluso a ser replicados en el Congreso en un estupendo ejemplo de la articulación de distintas esferas deliberativas, en el doble proceso, con una deliberación informal fuera de las instituciones que luego, en forma de opinión pública, afectaría a la deliberación institucional, tal y como describiera Habermas.

Cristina Martín-Jiménez analiza el rol de la mujer en la estructura de poder en la antigüedad a través del caso de la diosa gobernante de la ciudad sumeria de Uruk *Inanna*. Reivindica la autora la necesidad de atender al fenómeno del género y el poder. En primer lugar, porque las sociedades actuales han perpetuado paradigmas de estructuras de organización social y mando que se establecieron en la Edad Antigua pero ignorando el imprescindible papel de la mujer en la formación y organización de sociedades. En segundo lugar, por la imperiosa necesidad de una correcta contextualización histórica para completar los actuales estudios de género e igualdad. El texto, junto con otros trabajos similares, pretende demostrar el papel de las gobernantes en el origen de las civilizaciones, lo que significaría que lo que hoy se reclama sobre el papel y la visibilización de la mujer en la sociedad no sería un derecho nuevo sino la restauración de un poder que ya ejerció la mujer con anterioridad y que ha sido invisibilizado, ocultado, silenciado. Desde la Antigüedad la historiografía ha resaltado los nombres masculinos de los dioses, héroes, reyes y sacerdotes, pero ha olvidado los de las mujeres que fundaron las primeras civilizaciones. En el contexto actual, en que se reclama una igualdad entre hombres y mujeres en todos los ámbitos, la historia e historiografía nos ofrece arquetipos y paradigmas que demuestran que la mujer tuvo el poder y supo gestionarlo de la misma manera que los hombres. De ahí la necesidad de restaurar las figuras históricas femeninas y conferirles su dimensión plena para contribuir a una igualdad historiográfica.

Alba Carballo Castro y Juan Núñez Valdés persiguen en su escrito la necesidad de sacar a la luz pública referentes de figuras femeninas que, enfrentándose a las dificultades que le supuso su género, realizaron una gran labor.

En este reconocimiento del papel la mujer, presentan la biografía de la estadounidense Christine Ladd-Franklin, de finales del siglo XIX y principios del XX, quién trabajó en diversas áreas como la Psicología, la Filosofía y las Matemáticas. La metodología seguida en la investigación está basada en la búsqueda y contraste de información en diversos archivos y fuentes, complementada con imágenes.

Como resultado de su investigación exponen que Christine Ladd-Franklin debe ser considerada como una de las primeras mujeres que tuvo que luchar por ser mujer. No obstante, logró numerosos éxitos pese a los obstáculos sociales, aunque lo hizo casi un siglo después, en 1980.

Este estudio pone de manifiesto y defiende la necesidad de seguir rescatando las biografías de aquellas figuras femeninas que merecen reconocimiento.

Irene Zapata Sánchez centra su trabajo en analizar el concepto de las fake news que se da en la actualidad en la Comunicación Política de las sociedades occidentales, lo aborda desde los conceptos de poder y verdad de Michel Foucault. El objetivo principal del trabajo consiste en estudiar en profundidad las fake news, observadas desde el prisma de los conceptos anteriormente citados. Su objetivo secundario consiste en la elaboración de una investigación que logre conectar entre sí las dos acepciones que en la actualidad tiene el concepto de fake news, son definidas como falsificación y también como mentira, enlazándolas con la verdad y el poder, desarrollados por el filósofo francés. Por otra parte, cuando las fake news se analizan en relación al concepto de poder, advierte su autora una nueva clasificación: aquellas noticias que actúan como mecanismo de control de mantenimiento del sistema de poder y aquellas que lo hacen como mecanismo de resistencia de transformación o abolición de dicho sistema.

Patricia Torres Hermoso presenta una investigación centrada en las *fake news* y la ética periodística, estos dos conceptos los aplica en su análisis de las informaciones publicadas en los medios de comunicación sobre el caso de Asunta Basterra. En septiembre de 2018 se cumplieron cinco años de la muerte de esta menor de 12 años, su cuerpo fue encontrado sin vida en una pista forestal de Teo (A Coruña). Sus padres, Alfonso Basterra y Rosario Porto, fueron condenados por un delito de asesinato con agravante de parentesco. Desde el primer momento los medios de comunicación publicaron informaciones sobre las causas que les llevó a cometer el delito. Entre las muchas hipótesis barajadas la que cobraba más fuerza era el móvil económico. Se divulgó que Asunta era la principal beneficiaria de la herencia de sus abuelos maternos, pero se comprobó que la única heredera del patrimonio era Rosario Porto. Sin embargo, ningún medio se hizo eco de esta información errónea. La autora considera que los medios tienen la responsabilidad de informar sin caer en el morbo y en el sensacionalismo, respetando los principios éticos y deontológicos de la profesión periodística. Su objeto de análisis será las informaciones periodísticas relativas a la cobertura informativa del caso Asunta presentadas en los periódicos *La Voz de* Galicia y Libertad *Digital.*

Daniel Moya López analiza las *fake news* en los procesos electorales, concretamente en el proyecto Verificado.mx en las elecciones mexicanas de 2018. El objetivo es comprender el papel que desempeñan las noticias falsas en los comicios y las estrategias periodísticas para evitar la desinformación.

El proceso electoral de julio de 2018 fue relevante para México. El candidato Andrés Manuel López Obrador (AMLO) se presentaba por tercera ocasión, tras denunciar fraude electoral en los dos comicios anteriores. En esta nueva ocasión el clima de violencia, el narcotráfico y en general las muestras claras de Estado fallido ponían las miradas sobre el proceso.

Algunas organizaciones de la sociedad civil y medios de comunicación, preocupados por las *fake news* lanzaron Verificado.mx, un proyecto colaborativo que tenía como objetivo esclarecer las distintas informaciones surgidas a lo largo del proceso electoral. Esta web basó su actividad en dos vertientes: las *fake news* y el *fact-checking*. En él se identifican los principales elementos del proyecto: quiénes están detrás, qué objetivos persiguen, cuál es su metodología de trabajo y cuál fue el alcance que tuvo.

Se actualiza el debate sobre la verdad y la mentira, sobre lo que se dice y lo que se oculta, sobre las formas de discurso y una opinión pública que a veces se silencia bajo el ruido de la opinión publicada. Sobre todos estos debates y discusiones profundizan los textos que se recopilan en este volumen sobre la Comunicación y la Filosofía.

Dra. Mª Luisa Cárdenas Rica
Dr. José Candón Mena

CONSIDERACIONES FILOSÓFICAS SOBRE LA LIBERTAD DE EXPRESIÓN. ACTUALIZACIÓN METODOLÓGICA DE LOS POSICIONAMIENTOS DE LOCKE Y MONTESQUIEU

Dr. Jesús López de Lerma Galán
Universidad Rey Juan Carlos, España

Resumen

Este trabajo de investigación versa sobre la influencia de la filosofía liberal en la conformación de derechos como la libertad de expresión. La obra de autores como Locke o Montesquieu ha sido decisiva para el desarrollo de derechos constitucionales y la conformación de un Estado de Derecho que hace de la democracia su mayor valor. En este contexto, la libertad de expresión se perfila como una garantía que busca alcanzar el sentido último de las manifestaciones de una persona. Su protección exige superar su concepción intelectual original y obtener rango normativo. La expresión en libertad de ideas y su consolidación como derecho fundamental ha sido determinante en las revoluciones liberales para promover el nacimiento de un prensa libre, que se enfrenta a la censura de las estructuras de poder. Este planteamiento justifica el estudio realizado en esta aportación científica interdisciplinar.

Palabras claves

Libertad, información, filosofía, derecho, comunicación.

1. Introducción

La investigación que se presenta incide en el estudio del concepto de libertad de expresión desde sus orígenes filosóficos, y su posterior configuración como derecho constitucional. Con ello se pretende analizar las conexiones del periodista o investigador de la comunicación con disciplinas científicas como la filosofía.

2. Objetivos

El concepto de libertad permite llegar a una de sus múltiples posibilidades como es la expresión libre de ideas. El principal objetivo de este trabajo es analizar la aplicación docente de la filosofía clásica en los tiempos contemporáneos, incidiendo en el concepto de libertad de expresión, a la vez que se verifica como estos conocimientos contribuyen a desarrollar el perfil humano y académico del profesional de la información. Este artículo tiene como objetivos específicos un acercamiento metodológico y docente a ciertos contenidos filosóficos, que analizan la conformación de la libertad de expresión como derecho.

3. Metodología

Este texto profundiza en las investigaciones sobre filosofía, historia y comunicación, a través de los trabajos de especialistas en la materia, en las que se contrasta diversos posicionamientos teóricos en relación con la obra intelectual de Locke y Montesquieu, que reflexionaron sobre la libertad de expresión como derecho. La filosofía encierra discursos muy variados que son de vital importancia en el desarrollo de acciones docentes, y que sirven para producir enunciados científicos, basados en una metodología empírica o desde una aproximación teórica y descriptiva. Para ello se analizará diversos posicionamientos doctrinales haciendo un estudio comparativo y científico.

El estudio de las figuras de Locke y Montesquieu en torno a la libertad de expresión abre todo un debate sobre los límites y garantías de este derecho. Uno de los frentes de debate será el estudio de la censura previa y el desarrollo conceptual de la figura de la libertad de comunicación. Esta investigación reflexiona sobre las influencias filosóficas que el concepto de libertad de expresión ha aportado a las sociedades democráticas.

4. Locke. El contenido pragmático de la libertad de expresión

Los intentos por traducir la libertad de expresión en un espacio marcado por el control y la censura de los gobernantes se ven reflejados en autores como Milton que, desde una postura filosófica, teorizaron sobre dicha libertad. Su forma de contrastar opiniones y buscar la verdad, lo convierten en un modelo a seguir, determinando las pautas de un nuevo sistema intelectual, que influirá en otros teóricos como Locke, un filósofo que fundamenta sus investigaciones en el desarrollo y plasmación de la libertad de conciencia y opinión. Este último autor manifiesta su preocupación sobre el contenido pragmático de la libertad de expresión, y hará todo un desarrollo doctrinal sobre esta cuestión.

Locke nació en Wrington, condado de Somerset en Inglaterra el 29 de agosto de 1632. Estudio en Oxford ciencias naturales, medicina y teoría del Estado. Lord Shaftebury lo tomó bajo su protección como preceptor, consejero y médico de la familia. Inició una importante carrera política en su país ocupando diversos cargos de responsabilidad que se vieron interrumpidos por su estancia en Francia durante cuatro años (1675-1679). La oposición del gobierno inglés al protestantismo motiva su marcha a Holanda donde vive el triunfo de la Revolución Gloriosa de 1688 y la restauración del protestantismo. Regresa a Inglaterra donde Guillermo III de Orange le nombró Ministro de Comercio, cargo del que tuvo que dimitir en 1700 debido a una enfermedad que lo llevaría a la muerte el 28 de octubre de 1704. Su vida transcurrió paralelamente al enfrentamiento entre la Corona y el Parlamento, la promulgación de la *Licesing Act* (norma que prohibía imprimir, publicar e importar libros, documentos y panfletos contrarios a la fe, a la doctrina y disciplina de la Iglesia de Inglaterra), los movimientos revolucionarios y el desarrollo de la prensa inglesa (Bordería Ortíz, Laguna Platero y Martínez Gallego, 1996: 227-229).

Ansuátegui Roig ha matizado que la obra de Locke es mucho más pragmática y realista que la de Milton, caracterizado este último por repetidas alusiones a la libertad del ciudadano y a su dignidad (Ansuátegui Roig, 1994: 282). Otros autores consideran que Locke no recogió el avanzado espíritu de Milton, pese a acoger también los fundamentos de la libertad de expresión (Carreras, 1990, 14). Lo que no podemos negar es que Locke va a desarrollar un elenco de razonamientos, apoyándose en cuestiones prácticas que ponen en evidencia los defectos de determinadas acciones o planteamientos.

Locke va a quitarle significado a la censura previa ya que es una medida absurda e improductiva. No tiene sentido controlar los escritos antes de su publicación con la excusa de que el contenido de estos puede ser peligroso o viola lo establecido en la ley. Locke afirma que llevar este razonamiento a sus últimas consecuencias, implicaría controlar todos los actos del individuo, que pueden ser peligrosos, llegando incluso a prohibirlos, lo que dejaría a la actividad humana reducida a una mínima expresión por el potencial peligro que toda ella encierra. Ante esta situación Locke propone que la única actividad del "poder" sobre la prensa sea aquella que en curso de una existencia efectiva y real de ataque o violación de la ley permita exigir responsabilidades a posteriori. Con la obligación de detallar en las publicaciones los nombres de editores o artífices de estos, ya que se le asegura a la estructura de poder la posibilidad de actuar contra aquellos que, a través de sus escritos, han infringido la ley. Se persigue así a los que efectivamente han delinquido, pero no a los que hipotéticamente pueden delinquir. Con estas medidas se reconoce la primacía, el respeto a la ley y al individuo como ser libre y responsable al mismo tiempo (Ansuátegui Roig, 1994: 282-283).

Por otro lado, la censura previa carece de fundamentos, es irracional y no tiene ninguna finalidad según Locke. Se presupone un peligro hipotético de los contenidos de un escrito ante la posible contrariedad con la ley. Hacer suposiciones teóricas sobre los riesgos que encierra la plasmación en papel de criterios intelectuales que puedan ser contrarios a lo estipulado por las bases de poder, es una forma de crear temor ante situaciones que no deberían ser sometidas a control. Se crea un estado absurdo y ridículo que hace de la censura un elemento que encierra en sí más peligro que las situaciones que intenta evitar.

Locke considera que las formas de gobierno que puede dotarse una comunidad dependen de donde se deposite un poder supremo como el legislativo. Hacer y ejecutar leyes lleva a la sociedad a una "democracia prefecta". Las pretensiones de este autor apuntan hacia la consideración de un gobierno representativo y moderado, que recoja las pretensiones de la sociedad. El poder legislativo podría estar en manos de una asamblea compuesta por representantes que son escogidos por el pueblo (Rodríguez Guerra, 2015: 288-290). Esto explica su preocupación por los asuntos de Estado y el ejercicio de derechos como la libertad de expresión.

Asimismo, hay que recordar que Locke, dentro de las doctrinas morales y jurídico-políticas, ocupa la última fase de la lucha entre nominalismo y racionalismo en ética (Dupré, 2004: 117). Además, respecto al origen del conocimiento humano este autor señala que reside en la experiencia. Por tanto, al negar el innatismo de las ideas, este autor plantea el origen del conocimiento teniendo presente que el entendimiento es una hoja en blanco que debe ser llenada a partir de la experiencia (Sánchez García, 2004: 150).

Este filósofo tampoco postula una plena libertad pues reconoce que la estructura de poder y gobierno podrá actuar sobre la prensa en caso de que exista un ataque o violación de la ley que exige pedir responsabilidades. Una argumentación no exenta de críticas si nos planteamos cómo saber a priori que existe tal violación sobre todo en casos donde el límite entre lo legal e ilegal es una mera frontera. De todas formas, dentro del objeto de análisis, puede considerarse una garantía porque realmente se da un control sobre el que realiza un escrito que infringe la ley, eliminando actuaciones previas que llegaban a prohibir el propio ejercicio de la libertad intelectual. Es destacable también como dato relevante la obligación de incluir en las publicaciones los nombres de editores de escritos, puesto que sirve para garantizar a la estructura de poder un control sobre los infractores de la legislación. Se forma una vinculación entre hombre y escrito creando una responsabilidad de autor frente a aquellas manifestaciones contrarias a las leyes, pero a la vez se convierte en co-responsable al editor que imprima, publique o venda el libro que atenta contra lo estipulado en legal forma.

Locke defiende la libertad de expresión sin censura previa, pero por otro lado también apoya la necesidad de que el "poder" controle a los editores y autores bajo la mirada imperante de la ley. Esto implica lo que algunos autores han considerado una contradicción interna que el iusnaturalismo racionalista y el propio Locke llevan en su pensamiento al considerar los derechos naturales e innatos y la necesidad del poder, a través del contrato y de su Derecho, elementos necesarios para la eficacia social (Peces-Barba Martínez, 1993: 39). Para este filósofo la libertad del hombre en sociedad consiste en no estar más sometido a otro poder legislativo que no sea el establecido por consenso (Álvarez, 1995: 561). Locke entiende que la razón tiene por objeto guiar al individuo hacia la moralidad siempre que se dé en libertad; sin embargo, sus argumentos tienen muy presente al "poder" como factor para canalizar el potencial de la persona hacia un fin social. El hombre tiene un derecho natural e innato cuyo desarrollo en las estructuras sociales sólo lo puede materializar el Estado por medio de lo que denomina como "contrato social". Si relacionamos estas posibilidades con la libertad de expresión podemos concluir que el hombre necesita expresar todos aquellos pensamientos internos, pero su configuración real requiere del Estado para garantizar dicha libertad, un planteamiento que Locke manifiesta sutilmente y que aboca a la formulación de unos postulados básicos que los textos constitucionales recogerán en materia de derechos fundamentales.

A todo ello, hay que añadir que Locke es un partidario inequívoco de la igualdad política y la democracia. Además, ofrece un fundamento teórico al constitucionalismo inglés, convirtiendo a la Constitución inglesa en un modelo de organización civil por toda Europa. Locke no persigue una nueva revolución constitucional sino el retorno a la "antigua constitución", dentro de una serie de elementos democráticos que perviven en una forma de monarquía moderada, en la que se encuentra vigente un orden legislativo formado por Rey, lores y comunes (Rodríguez Guerra, 2015: 294-296). En Locke se va a mezclar una concepción voluntarista de la ley y la moralidad sostenida en la causa eficiente, una versión racionalista de la ley natural como la ley de la humana razón y la libre voluntad, y un positivismo hermenéutico, que concluye en una postulación de la ley humana, especialmente la constitucional, como instauración del orden en la sociedad civil (Fernando Segovia, 2015: 35-36).

El carácter pragmático de Locke sobre libertad de expresión se muestra también en criterios económicos. Así considera que la industria de la imprenta ha de ser favorecida y potenciada por el "poder". Locke señala que la censura en el comercio conlleva una serie de represiones importantes. El control de libros y escritos puede disminuir el mercado nacional favoreciendo el extranjero, destacando el caso de Holanda, que al establecer el libre comercio de libros proyecta los intereses comerciales y potencia la libertad de expresión. Desecha por tanto la censura porque favorece a las economías extranjeras (Ansuátegui Roig, 1994: 283-284). Estas reflexiones de Locke sirvieron para que en 1695 se derogara la *Licensig Act* (Vázquez Montalbán, 1985: 118). La economía es un referente interesante para establecer un pilar que apoye la libertad de expresión. Locke busca imprimir a sus ideas un carácter pragmático que vaya más allá de simples cuestiones teóricas, por ello utiliza la industria de la imprenta como un factor más que puede ayudar a su causa. Las estructuras de poder y gobierno deben ayudar a la imprenta eliminando la censura, puesto que el control de libros y escritos genera perjuicios en un mercado intelectual nacional frente a otros países que, al carecer de dichos controles, pueden potenciar la libertad de expresión.

Eliminando barreras estatales y represoras en el comercio y edición de libros se está potenciando la propia economía interna. La base sobre la que gira Locke es simple, anima al Estado a ser menos represor para que salgan más libros de las fronteras nacionales y favorezcan la economía, pero a la vez esta medida es un claro alegato que defiende la libertad de expresión. Una libertad que hace de la ley un aliado en una perfecta comunión entre individuo y Estado.

5. El influjo de Montesquieu

5.1 Consideraciones filosóficas

Uno de los influjos más relevantes que tuvo la *Declaración de 1789*, fue el aportado por Montesquieu cuya filosofía va a suponer un marco de referencia importante para entender algunos de los derechos fundamentales recogidos normativamente. Montesquieu nació en La Bréde, Francia en 1689, en el seno de una familia acomodada, estudió ciencia e historia ejerciendo poco tiempo después como abogado en el gobierno local. Después de morir su padre en 1713, vivió bajo el cuidado de su tío, el barón de Montesquieu, que muere tres años después, dejando a Charles tanto su fortuna como su oficio de presidente del Parlamento de Burdeos, así como su título de Barón de Montesquieu. A partir de entonces viaja por Europa mostrando especial interés por Londres y el tipo de gobierno que se había instaurado en Inglaterra. Investiga las formas de gobierno, las leyes y las costumbres de los distintos países de Europa. A los 32 años escribe *Cartas persas*, obra que le granjeará una gran fama por su crítica a las libertades y privilegios de que gozaban las clases altas, incluidas el clero. En 1734 publica *Consideraciones sobre las causas de la grandeza de los romanos y de su decadencia*. Y en 1748 saldrá a la luz su obra más conocida y que más influencia ejercerá en los siglos siguientes, *El espíritu de las leyes*, del cual se hicieron más de veinte ediciones en dos años. En 1750 publica *Defensa del espíritu de las leyes*. Todas estas obras fueron incluidas en el Índice de Libros Prohibidos por la Iglesia Católica. Montesquieu muere en 1755, su vida transcurre entre los siglos XVII y XVIII, conoce el modelo absolutista de prensa que establece la monarquía francesa, asiste al inicio de la caída del Antiguo Régimen, y el desarrollo de la Ilustración como movimiento que influirá en el nacimiento de la opinión pública.

Montesquieu parte de la complejidad de definiciones que ha recibido el término "libertad" para formular toda una construcción teórica en torno a dicho concepto. Piensa que los hombres han denominado "libertad" al gobierno que resultaba conforme a sus hábitos o a sus inclinaciones. Señala que se ha confundido el poder del pueblo con la libertad del pueblo. La libertad no consiste en hacer lo que se quiere sino en poder hacer lo que se debe querer (Vallet De Goytisolo, 1986: 111). Montesquieu piensa que hacer lo que se quiere en una sociedad que tiene leyes no es libertad. Habla de "hacer lo que se debe querer", con ello se introduce connotaciones positivistas que remarcan que el hombre tiene un marco legal donde puede actuar pero que a su vez aporta parámetros contra posibles extralimitaciones. En el análisis de la filosofía de Montesquieu es importante que partamos del concepto general de libertad para luego profundizar en particularidades como "la libertad de expresión", que se desprende de una manifestación más universalista.

> "Es cierto que en las democracias parece que el pueblo hace lo que quiere, pero la libertad política no consiste en hacer lo que uno quiera. En un Estado, es decir, en una sociedad en la que hay leyes, la libertad sólo puede consistir en poder hacer lo que se debe querer y en no estar obligado a hacer lo que no se debe querer. Hay que tomar conciencia de lo que es la independencia y de lo que es la libertad. La libertad es el derecho de hacer todo lo que las leyes permiten, de modo que si un ciudadano pudiera hacer lo que las leyes prohíben, ya no habría libertad, pues los demás tendrían igualmente esta facultad" (Montesquieu, 1987:106).

Su obra central *L'espirit des Lois* (*El espíritu de las leyes*) parte de la definición de leyes, un elemento que le sirve para afirmar la existencia de una razón normativa. Parte de los fenómenos para llegar a los principios y no mutila ni la razón, ni la historia, sino que las armoniza. La razón no se podrá comprender a sí, sino a través del tiempo (Peces-Barba Martínez, 1993: 62). Sus planteamientos parten de la racionalidad para desarrollar diversos modelos históricos sociales. La razón se utiliza como un mecanismo de análisis de la realidad social, también se aprecia la preocupación existente para dar rango de ley a diversas situaciones. La regulación servirá para establecer el reconocimiento de derechos y principios, de ahí que haya una complicidad entre ley y razón.

Para este autor pensar las leyes significa hacer un trabajo para interrogarse sobre la realidad. Eso implica entender las leyes como una realidad más compleja que un simple mandato. Una ley es considerada como tal en base a su sentido, a su espíritu que es lo que va a producir la realidad (Gazzolo, 2016: 199). Montesquieu entiende que son sólo las disposiciones de las leyes, y más exactamente las leyes fundamentales, quienes dan origen a la libertad. A pesar de ello, en relación con el ciudadano pueden originarla las costumbres, hábitos y ejemplos recibidos, además de favorecerla ciertas leyes civiles. En este sentido la libertad filosófica consiste en el ejercicio de voluntad propia, o al menos en la opinión que cada uno tiene cuando ejerce su voluntad. La libertad política consiste en la seguridad o al menos en la opinión que se tiene en la propia seguridad (Montesquieu, 1987: 129).

En Montesquieu no es lo mismo el libre albedrío y la libertad, en esta última el querer corresponde al deber, y en el hombre no siempre se corresponde por ser este limitado, sujeto a la ignorancia. La libertad es una imperfección, somos libres e inciertos porque no sabemos lo que nos es más conveniente. Errores, olvidos y pasiones, limitan nuestra libertad como seres racionales, pero no reducen nuestro albedrío de animales con instintos no plenamente adecuados ni concordados a nuestra naturaleza, a diferencia de cómo sí los tienen los animales irracionales (Vallet De Goytisolo, 1986: 111-112).

La libertad necesita de las leyes fundamentales para que pueda constituirse. Su existencia tácita se da, pero la fórmula legal le sirve para que los demás tengan su reconocimiento mutuo. Además, la existencia de una regulación servirá para establecer cuando se produce una restricción o limitación en nuestra libertad, y en consecuencia exigir responsabilidades. La libertad filosófica se vincula con un ejercicio de la voluntad puesto que sólo así podemos mantener que reaccionamos en función de nuestro designio personal. Por el contrario, la libertad política se vincula a la seguridad aparente que manifiestan las leyes. Montesquieu considera la libertad como un elemento que remarca la imperfección humana puesto que la persona comete errores, olvida y se deja reducir por pasiones. Esa falta de orientación, esa constante incertidumbre que hace no saber cuál es el rumbo más adecuado, nace del hecho de ser libre. La libertad se configura como una expresión de nuestra racionalidad, que nos aboca a una constante inseguridad que superamos por la legislación.

> "En relación con la constitución son solo las disposiciones de las leyes, y más exactamente de las leyes fundamentales, quienes dan origen a la libertad. Sin embargo, en relación con el ciudadano pueden originarla las costumbres, hábitos y ejemplos recibidos, y pueden favorecerla ciertas leyes civiles, como vamos a ver en este libro. Además, como en la mayor parte de los Estados la libertad aparece comprometida, contrariada o limitada más de lo que determina su constitución, conviene hablar de las leyes particulares que, en cada constitución, pueden favorecer o contrariar el principio de la libertad de que cada uno de ellos es susceptible" (Montesquieu, 1987: 128-129).

La obra de Montesquieu sirve para comprender el sentido de la *Declaración de 1789*. La dialéctica sobre razón e historia y su integración es la base de la que parten sus argumentos. La separación de poderes, el puesto de la Ley y su relación con la libertad, la definición de ésta y algunas dimensiones de contenido sobre garantías procesales constituyen su aportación (Peces-Barba Martínez, 1993: 63). Entre las leyes constitutivas de un régimen político de libertad distingue las leyes que la instituyen en relación con la Constitución. La libertad política esta formada por una cierta disposición de los tres poderes. Ahora bien, la libertad como tal tiene una doble imagen, de una parte, es el fin de la actividad política, y de otra es el medio para que los hombres puedan trabajar, poseer y enriquecerse por su propio esfuerzo (Vallet De Goytisolo, 1986: 119). Como principio de organización la libertad política se plantea como un límite al poder y se vincula a la Ley, distinguiéndose de la independencia - hacer lo que se quiere- que Montesquieu llamará *"libertad de elección"*. El límite del poder político que permite la libertad supone no solo el imperio de la Ley, sino también el sometimiento de los gobernantes a la Ley, y la separación de poderes (Peces-Barba Martínez, 1993: 65). Montesquieu pone límites en nombre de la razón y señala como requisito para la libertad la existencia de una organización en la que cada órgano cumpla su propia función armónica (Vallet De Goytisolo, 1986: 119).

La influencia que los trabajos de Montesquieu proyectaron en la sociedad de su tiempo, sirvió para definir los contenidos de la *Declaración de 1789*. Montesquieu aborda la separación de poderes como una pretensión racional a la que debe acercarse el sistema político social. La separación permite que no haya interferencias entre los diferentes poderes, manteniendo la coherencia y seguridad en la toma de decisiones. Una de sus principales aportaciones ha sido el desarrollo del concepto de la libertad que ha elaborado, de ahí que sea determinante su interpretación en este trabajo sobre la libertad de expresión, ya que debemos analizar el concepto de libertad para comprender su aplicación a otras esferas de la realidad social. La libertad política viene vinculada a la ley, que es a su vez límite del poder. Con ello pretende Montesquieu que cualquier ataque a la libertad tenga que responder ante la norma recogida bien en una Constitución o Declaración. Además, compara la libertad con una organización en la que cada órgano representa un papel, con esta idea se pretende establecer que nuestro margen de libertad crece y se establece en función del respeto a los demás.

Con esta base profundiza Montesquieu en la teoría de los límites en el ejercicio del poder como una garantía de la libertad política a través de la legalidad y la separación de poderes. Desde una postura constitucional, la libertad política será principio de organización y derecho humano a la participación (Peces-Barba Martínez, 1993: 65). La libertad se entiende como el derecho de hacer todo lo que las leyes permiten, pero esas normas no deben ser tiránicas, tienen que ser justas. Una situación que debe tener prevista la Constitución para determinar la libertad política. Además, puede ocurrir que la Constitución sea libre de derecho y no de hecho, lo que implica que el ciudadano sea libre de hecho, pero no de derecho (Vallet De Goytisolo, 1986: 315). En consecuencia, la libertad en el derecho de hacer lo que las leyes prohíben no significa tener libertad puesto que en ese caso estaríamos ante un caos que derivaría en una total anarquía. Para que no se pueda abusar del poder es preciso que, por la disposición de las cosas, el poder frene al poder. Una Constitución puede estar constituida de tal forma que no obligue a nadie a hacer las cosas no preceptuadas por ley, y a no hacer las permitidas (Montesquieu, 1987: 106). Si toda la configuración de Montesquieu giraba en torno a la norma está claro que debían ser leyes justas, que garantizaran la seguridad del ciudadano. Si incurrimos en el supuesto de normas tiránicas entraríamos en el concepto de la corrupción y abusos de poder y toda esta argumentación caería bajo el peso de un gobierno tiránico. De ahí se desprende lo fundamental que es tener una regulación acorde con los intereses del pueblo, donde se reconozcan y regulen derechos y libertades.

Montesquieu con la idea de la *"Constitución libre de derecho y no de hecho..."* plantea la hipótesis de crear legislación que quede en los planos teóricos y que tenga poca aplicación práctica, con lo que caeríamos en el error de construcciones especialmente abstractas que quedarían fuera de su realidad material y no cumplirían con su finalidad.

La retórica de Montesquieu nos lleva a planteamientos complejos que ofrecen una perspectiva diferente. Reconoce que el poder sólo puede frenar los abusos del poder, de ahí que busque una perspectiva legalista que controle los posibles abusos. Este autor no cree en las virtudes de la deliberación política y no instaura una ética de la discusión. Por el contrario, es consciente de que su sistema de libertad no conlleva ninguna discusión razonable. Así, considera que la nación libre no es conducida por la razón sino por las pasiones (Mansury, 2015: 268).

Montesquieu es un teórico que es partícipe de la preocupación de la burguesía por limitar el poder del Estado Absoluto, una perspectiva que arranca en el siglo XVI y se concretará en los textos liberales del siglo XVIII especialmente en la Declaración de Derechos del Hombre (Peces-Barba Martínez, 1993: 66). De hecho, considera que la libertad excesiva corrompe la democracia como ocurre al hacer del pueblo su propio tirano y perder la fuerza de la libertad para caer en la debilidad de la licencia, hasta ir a parar bajo el poder absoluto de un restaurador del orden (Vallet De Goytisolo, 1986: 316). La obsesión por controlar el poder lleva a Montesquieu a determinar lo que un exceso de libertades haría del sistema democrático. Su estructura se derrumbaría presa del descontrol social, pues la libertad individual terminaría por traspasar los límites de la libertad de los demás y eso implicaría violaciones internas de los derechos y libertades que trajo la democracia, con lo cual reinaría el caos. Asimismo, el sometimiento a un salvador o restablecedor del orden implicaría un nuevo sometimiento a otro tipo de poder, lo que en definitiva supondría la negación liberal que en un principio se propugnó.

5.2 El concepto de libertad de expresión en Montesquieu

El concepto de libertad nos permite llegar a una de sus múltiples posibilidades como es la expresión libre. La libertad de expresión estaría en el centro de la filosofía política del siglo XVIII (Carreras, 1990: 11). Montesquieu hace algunas alusiones a los problemas de expresión y a la necesidad de regular las posibles cuestiones que se plantean. En su libro *El espíritu de las leyes* en el capítulo XII habla sobre las palabras indiscretas. Sus razonamientos se basan en el hecho de que se pueden dar muchas interpretaciones a las palabras. Hay gran diferencia entre la indiscreción y la malicia, pero tan poca entre las expresiones que emplean, que la ley no puede someter las palabras a la pena capital, al menos que declare expresamente cuáles quedan sometidas a ella. Las palabras no forman cuerpo de delito, no van más allá de la idea. La mayoría de las veces no tienen significación por sí mismas sino por el tono en el que se dicen. Suele suceder que al decir las mismas palabras no se les da el mismo sentido, pues dicho sentido depende de la relación que guardan con otras cosas. A veces el silencio es más expresivo que todos los discursos (Montesquieu, 1987: 135). Montesquieu reconoce que la multiplicidad de expresiones puede dar lugar a equívocos. Implícitamente habla de intencionalidad cuando alude a la indiscreción y a la malicia. La intención con que fue proferido el comentario puede aportar los rasgos necesarios para apreciar indicios delictivos. La pretensión de establecer que la ley someta a las palabras a la pena capital es compleja y en algún caso ineficaz puesto que no termina de dar respuesta a los posibles atentados que provoca. De todos modos, Montesquieu señala que la ley pueda declarar expresamente cuáles son los escritos sometidos a una regulación con lo cual se podría hablar de una tipificación.

> "Los actos delictivos no son cosa ordinaria, cualquiera puede darse cuenta de ellos: una falsa acusación sobre hechos puede aclararse fácilmente. Las palabras que van unidas a una acción adquieren su naturaleza. Así, un hombre que va a la plaza pública a exhortar a los súbditos a la sublevación es reo de lesa majestad, porque las palabras van unidas a su acto y participan de él. No se castiga a las palabras, sino a un acto cometido y en el cual se emplean palabras, éstas no se convierten en delito más que cuando preparan, acompañan o siguen

a una acción criminal. Todo se confunde cuando se hace de las palabras un delito capital en lugar de considerarlas como la señal de tal delito" (Montesquieu, 1987: 136).

La libertad de expresión se ve abocada a un control legal al menos para evitar posibles abusos, como lo refleja Montesquieu. Se reconoce que las palabras en sí, no forman cuerpo de delito, son meros instrumentos lingüísticos que expresan ideas, recurriéndose a otros elementos para buscar una implicación más directa como es el sentido con que se profieren dichas palabras y la posible relación que guardan con las cosas. La hipótesis planteada por Montesquieu nos lleva hasta el concepto de "silencio", que en algún supuesto puede ser más expresivo u ofensivo que cualquier discurso, con lo cual se plantea una cierta vaguedad a la hora de articular un mecanismo de control. El mérito de Montesquieu reside en su aproximación a la problemática que el ejercicio de la libertad de expresión encierra y, en especial, hace un análisis previo de lo que posteriormente se recoge como delitos de injurias y calumnias, es decir expresiones que ofenden al honor de una persona. Por tanto, su idea de regular legalmente algunas expresiones, y sobre todo investigar la intención con la que se profieren determinadas palabras, son los antecedentes de lo que en Derecho se conoce como "*animus iniuriandi*", elemento clave en la aplicación de tipos penales como la injuria.

A parte de Montesquieu otros ilustrados como Voltaire, Diderot, D´Alambert, Condorcet, en su práctica cotidiana como escritores intentaron eludir la censura e hicieron un claro manifiesto a favor de la libertad de expresión. En la *Enciclopedia Francesa*, redactada por Jacourt, en la voz "prensa", se cuestiona si la libertad de prensa es positiva o perjudicial para un Estado. En respuesta se alude a que es de mayor importancia la conservación de este uso en todos los Estados basados en la libertad, y además los inconvenientes de esa libertad son tan poco relevantes en relación con sus ventajas que debería ser el derecho común del universo y es adecuado autorizarla en todos los Estados (Carreras, 1990: 12). Los ilustrados franceses presentaron especial preocupación por la libertad de expresión puesto que era un factor fundamental para exponer y desarrollar sus ideas. En este sentido la necesidad de evitar la censura, y la posibilidad de manifestar pensamiento oral o por escrito hacía necesario articular mecanismos de saneamiento de las estructuras sociales, de ahí que todas estas manifestaciones se configuraran en principios y derechos reconocidos en legal forma en la *Declaración de Derechos del Hombre*. La creación de la Enciclopedia, se hace eco de la importancia de expresar las ideas sin constricciones, y de ahí se infiere la defensa de la libertad de prensa que se hace. Se habla de las ventajas que la prensa puede traer pues es una forma de crear parámetros de opinión en la sociedad. Especialmente se deben recoger las menciones implícitas en el derecho común universal que manifiestan la necesidad legal de autorizar la libertad de expresión en todos los Estados, con ello queda constancia del valor que estaba alcanzando la prensa en el siglo XVIII, y como los teóricos y filósofos de la época luchan porque la libertad de expresión tenga aplicación práctica.

Montesquieu en sus reflexiones sobre la libertad de expresión y los problemas que conlleva, habla de los escritos. En la obra *El espíritu de las leyes* analiza la influencia que pueden tener determinados escritos en un marco sociopolítico. Así afirma que:

> Los escritos satíricos casi no se conocen en los Estados despóticos, donde, por un lado el abatimiento y, por otro la ignorancia, no favorecen el talento, ni la voluntad para hacerlos. En la democracia no se prohíben, por la misma razón por la que se prohíben en el Gobierno de uno sólo. Como van dirigidos normalmente contra los poderosos, halagan la malicia del pueblo que gobierna en la democracia. En la Monarquía se prohíben, considerándolos sobre todo como materia de policía, pero no de delito. Pueden divertir a la malicia general, consolar a los descontentos, disminuir la envidia de los altos puestos, dar al pueblo paciencia para sufrir y hacerle reír de sus sufrimientos.
>
> La aristocracia es el Gobierno que más empeño pone en proscribir los escritos satíricos, pues los magistrados son pequeños soberanos no lo bastantes grandes como para despreciar las injurias. Si en la Monarquía algún dardo va dirigido contra el monarca, este está tan alto que no llega hasta él, pero atraviesa de parte a parte a un señor aristocrático. Por eso los decenviros, que formaban una aristocracia, castigan los escritos satíricos con la muerte (Montesquieu, 1987: 136-137).

Montesquieu va determinando las consecuencias que pueden suponer para diferentes tipos de Gobiernos, algunos escritos. Su análisis parte de los "*escritos satíricos*", caracterizados por ser discursos agudos y mordaces con una clara intencionalidad lesiva. Dichos escritos en los Estados despóticos no se conocen, aludiendo a una carga de ignorancia por parte de aquellos que deberían revelarse. La democracia como defensora de los valores sociales y políticos del pueblo no los prohíbe pues se reconocen los méritos populares para conquistar el poder y derrocar al poderoso. En consecuencia, es lógico pensar que la monarquía debe prohibirlos pues el poder de la prensa satírica es un elemento decisivo para hacer caer a monarcas, algo que tratamos con más profundidad en el estudio de las diferentes Revoluciones históricas.

Esos escritos generan desprestigio en el Gobernante Absoluto, es una vía de expresión por parte del pueblo que sufre las consecuencias del Poder Abusivo. Las reflexiones de Montesquieu inciden en que la aristocracia pone gran empeño en acabar con los escritos satíricos puesto que reciben con más intensidad los ataques que subyacen en los textos. El monarca puede eludir los escritos populares ante la gran distancia que existe con sus súbditos, pero los señores aristocráticos son víctimas de injurias pues su realidad es más cercana al pueblo. En líneas generales Montesquieu quiere demostrar el poder y riesgo que los escritos pueden tener en los Gobiernos. Su intención es defender la "libertad de expresión" como una forma de liberar al pueblo de sus ataduras estamentales y sociales. La proclamación del hombre como ser racional capaz de luchar ante la injusticia con la palabra oral o escrita es ante todo uno de los principales legados de este autor.

Montesquieu reflexiona sobre la libertad, como uno de los principales valores que encierra el hombre. Su filosofía es necesaria para entender la proyección de la *Declaración de Derechos del Hombre*, puesto que plantea las bases que desarrollan las categorías legales dotadas de sentido. En esta dialéctica, la *"libertad de expresión y prensa"*, tendrán un especial protagonismo, puesto que la lucha por codificar aquellos elementos internos que conforman la esencia humana servirá para romper las cadenas de opresión de los Gobiernos despóticos.

6. Discusión y conclusiones

Una vez expuestos los diferentes planteamientos teóricos sobre las aportaciones de la filosofía clásica en el desarrollo de la ciencia de la comunicación y en la metodología docente, debemos inferir varias consecuencias. Por un lado, hay que quitarle significado a la censura previa, no tiene sentido controlar los escritos antes de su publicación con la excusa de que el contenido puede ser peligroso o viola lo establecido en la ley.

Para Locke el planteamiento de una censura previa es irracional y carece de fundamento, creando una situación de temor infundado que implica un retroceso en el desarrollo intelectual. Asimismo, reconoce que una libertad absoluta sin ningún tipo de control legal puede implicar un abuso de derecho con consecuencias negativas. Por eso, este autor infiere la necesidad de establecer un cierto control legal en el tratamiento de escritos, postulando que los editores y autores respeten la legislación. Su mayor aportación reside en la defensa de la libertad de expresión en el desarrollo intelectual, con objeto de eliminar barreras represoras respecto a la difusión y divulgación de escritos.

Asimismo, las proyecciones intelectuales de los ilustrados van a contribuir a desarrollar un nuevo concepto de "libertad en la comunicación", cuyo origen esté en los posicionamientos de la filosofía, lo que evidencia la necesidad de incluirlas en los estudios académicos. La libertad necesita de leyes fundamentales para que pueda constituirse plenamente, por tanto, se hace necesario relacionar los conocimientos filosóficos con el periodismo y la teoría de la comunicación, incidiendo en el origen de la libertad de prensa como derecho.

La conformación del Estado de Derecho y su proyección contemporánea no podría entenderse sin las aportaciones de Montesquieu. Su filosofía es una contribución determinante para comprender el desarrollo de derechos como la libertad de expresión, en un contexto en el que la conformación de una ley es necesaria para reconocerle garantías al ciudadano. Una ley a cuyo imperio debe estar sometido el ciudadano y los gobernantes., dentro de la pretensión racional de un sistema político basado en la separación de poderes. Este autor es más contundente en la defensa de la liberta de expresión, definiendo la necesidad de establecer un control legal que evite actitudes abusivas que desvirtúen la esencia de dicho derecho. Plantea la posibilidad de colisión de derechos como la libre expresión de ideas en relación con el honor de una persona, adelantándose a los conflictos judiciales que se empezarían a plantear en el futuro. No obstante, defiende que un sistema democrático debe amparar una libertad de expresión extensa en la que la prensa satírica tenga un espacio para criticar los abusos de los gobernantes. En líneas generales, aboga por una prensa libre, que en definitiva es reflejo de la proclamación racional del hombre, que lucha frente a los abusos de las estructuras de poder.

Referencias bibliográficas

ÁLVAREZ, C. (1995). "Libertad y Propiedad. El primer liberalismo y la esclavitud", *Anuario de Historia del Derecho Español*, LXV, Madrid.

ANSUATEGUI ROIG, Francisco J. (1994). *Orígenes Doctrínales de la libertad de expresión*, Edita Universidad Carlos III, Madrid.

BORDERÍA ORTIZ, E. / LAGUNA PLATERO, A./ MARTÍNEZ GALLEGO, F. A. (1996). *Historia de la comunicación social. Voces, registros y conciencias*, Síntesis, Madrid.

CARRERAS, F. D (1990). "La libertad de expresión un derecho constitucional.", en *Anuario del Departamento de Ciencia Política y Derecho Público de la Universidad Autónoma de Barcelona*, N.º. 1.

DUPRÉ, L (2004). *The enlightenment and the intellectual foundations of modern culture*, New Haven & London: Yale U. P.

FERNANDO SEGOVIA, J. (noviembre 2014 a mayo 2015). "Dios, Locke y la Ley de la Naturaleza", en *Anacronismo e irrupción. Revista de Teoría y Filosofía Política Clásica y Moderna*, Vol. 4, N.º 7, (28-58).

GAZZOLO. T. (2016). "¿Una "definición" de leyes? Montesquieu y las leyes sin ley", *Araucaria. Revista Iberoamericana de Filosofía, Política y Humanidades*, Año 18, N.º 36, (189-208).

MANSURY, D. (2015). "Liberalismo y regímenes políticos: El aporte de Montesquieu", *Revista Internacional de Pensamiento Político* - I Época, Vol. 10, (255−271).

MONTESQUIEU, Charles-Louis de (1987). *El espíritu de las leyes*, Edición Tecnos, Madrid. (Edición basada en el original "De l'esprit des lois" redactada y publicada en 1748).

PECES-BARBA MARTÍNEZ, G. (1993). *Derecho y derechos fundamentales*, Centro de Estudios Constitucionales, Madrid.

RODRÍGUEZ GUERRA, R. (2015). "Propiedad, democracia y monarquía de John Locke", en *Contrastes. Revistas Internacional de Filosofía*, Vol. XX N.º 2, (281-296).

SÁNCHEZ GARCÍA, C. (2004). "Sobre el conocimiento en Locke", *Revista Científica Ánfora*, Universidad Autónoma de Manizales, Vol. 11, N.º 19, (139-155).

VALLET DE GOYTISOLO, J. B. (1986). *Montesquieu. Leyes, Gobiernos y Poderes*, Cívitas, Madrid.

VÁZQUEZ MONTALBAN, M. (1985). *Historia y comunicación social*, Alianza Editorial, Madrid.

CAPÍTULO II

ESTEREOTIPOS INFORMATIVOS
LA TELEVISIÓN ÚTIL

Dr. D. José María Menéndez Jambrina
Profesor de Cultura Audiovisual
Escuela de Arte y Superior de Diseño de Zamora

Resumen

Las noticias en televisión de alguna manera se han "estereotipado", en el sentido de ausencia de sentido crítico y análisis periodístico. En su lugar se instalan esquemas repetitivos cercanos al sensacionalismo, a la vez que se obvian las causas que producen los hechos que se difunden y transfroman en forma de "*noticias*". Es la información que oculta información. Ruido mediático que oculta información verdaderamente útil, que genere reflexión y conocimiento en el público al que se dirige.

La constatación reciente de esta teoría, es el anuncio de la eliminación de los telediarios de la parrilla de una cadena generalista en abierto, alegando falta de audiencia, cuando quizá la causa de fondo pudiera ser la ausencia de verdadero rigor informativo en la elaboración de noticias, alejados de los estereotipos a los que nos refererimos en el contenido de la ponencia.

Palabras claves

Estereotipos, sensacionalismo, difusión, educación.

1. Introducción

La televisión en cualquiera de sus variedades ya sea de pago, pública, autonómica o privada consigue altísimas cuotas de difusión de sus contenidos, de tal manera que muchos de esos contenidos -incluso publicitarios- consiguen incorporarse a la vida real, al lenguaje cotidiano. Los más mayores podemos recordar frases como *"moraleja compre una Agni y tire la vieja"*, o las famosas expresiones del genial *Chiquito de la Calzada*, que durante mucho tiempo se han venido utilizando como frases recurrentes : *" no puedor " "pecador de la pradera"*, o *"fistro"*, palabra que puede aplicarse a cualquier persona, animal o cosa incorporadas al lenguaje coloquial. Canciones desconocidas a priori que alcanzan los primeros puestos en las listas gracias a que se utilizan en anuncios, cortinillas o programas, o prendas de ropa que se utilizan en las series y que se ponen "de moda" o los merchandising de los equipos de football, algunos globalizados como marcas propias cuyas estrellas son lo más parecido a los antiguos héroes, admirados e imitados en peinados, tatuajes y vestimentas: son los héroes mediáticos contemporáneos.

La razón por la que esto sucede viene a ser la enorme difusión que la televisión alcanza, y que hoy más que nunca persigue a toda costa. Emisiones que llegan simultáneamente a miles e incluso millones de personas.

El éxito de una determinada emisión no está asegurado. Sin embargo éxito y difusión se retroalimentan: no hay éxito sin difusión y viceversa. Ambos hechos pretenden la popularidad de un producto, una serie, un contenido determinado. Se produce una forma de conocimiento en masa sobre todo tipo de objetos de consumo, personajes famosos de muy diferentes esferas, llegando a crear fábricas mediáticas de estrellas a base de programas programados en los que la clave del éxito es precisamente la difusión que alcanzan, gracias a la repercusión mediática de la televisión como medio de comunicación de masas, cuya popularidad es explotada en forma de publicidad, merchandising y la retroalimentación de sus protagonistas para llenar y rellenar parrillas televisivas con bajos costes de producción.

2. Objetivos

La televisión en abierto, ha caído en una espiral para ganar audiencia a base de importar fórmulas y esquemas televisivos casi globales, cuya única función es el entretenimiento, *"entertainment"* con el que conseguir audiencia para captar anunciantes que financien esa programación. Crear expectación ante el estreno de la próxima edición de "lo que sea" es obligado, a base de anuncios en la programación diaria, así la audiencia sabe cuándo se emite ese programa que no hay que perderse.

Mientras las televisiones privadas son legítimas dueñas de su programación, se observa en la televisión pública un cierto contagio por captar audiencias a base de imitación de contenidos, por lo que hay momentos que varias cadenas –incluída la tv pública- compiten con programas casi idénticos en la misma franja horaria: concursos mediáticos de aspirantes que actúan, cantan o muestran sus habilidades. Adultos e infantiles, y supuestos artistas consagrados quienes juzgan sus actuaciones, los adoptan o los rechazan, se quedan o se van, incluso el público puede votar en una especie de tv interactiva.

Este esquema ha llegado a la televisión pública, ocupando largas horas de espacio televisivo convertido en espectáculo mediático. La presunta necesidad de anunciar sus propios programas-espectáculo se ha colado incluso en los informativos, tratando de convertir en pseudo-noticias información absolutamente banal, devaluando de esta manera sus propios informativos, convertidos en plataformas de difusión de programas- espectáculo y entretenimiento, que por supuesto no alcanzan la categoría de noticia, y robando tiempo a otros contenidos que pudieran serlo.

Noticiarios y noticias se han "estereotipado" y este pseudoperiodismo, emite información con unos esquemas repetitivos, cercanos al amarillismo, mientras oculta otra información que podría resultar útil a la sociedad, y a los individuos que la componen.

Esta perversión, anula la difusión de contenidos que generen conocimiento útil a la sociedad que financia y sostiene costosos canales televisivos con emisiones de muy dudosa rentabilidad social o colectiva.

Pongamos algunos ejemplos: estos días se ha hecho público un comunicado mundial de la ONU en el que se advierte de la imperiosa necesidad de reducir los gases efecto invernadero, cuyas emisiones ya están afectando al clima global. Sería conveniente entonces utilizar la difusión de al menos la televisión pública, para crear conciencia colectiva sobre ello, de manera que sus contenidos ofrecieran modelos de conducta ejemplares, educar en lo referente al consumo de combustibles de automoción, calefacciones, aires acondicionados y en general al consumo desmedido de energías contaminantes, con el fin de reducir emisiones. Por ejemplo.

Lo mismo sucede con los tristes y lamentables episodios sobre "violencia de género", cuyas noticias siempre resultan idénticas: se limitan a relatar los hechos, siempre muy parecidos por cierto: imágenes del lugar donde han sucedido los hechos, coches de policía y servicios, lugares precintados, un reportero o reportera que lo relata in situ y entrevista a los vecinos, banderas de la localidad a media asta, un minuto de silencio en el ayuntamiento, y una manifestación en contra de la violencia de género con pancartas tipo "todos somos ..." . Sin embargo no se hace análisis de la situación: nunca he escuchado a nadie decir que seguramente se trata de un problema de educación. De falta de educación. Precisamente el sector más devaluado y recortado por las múltiples crisis financieras, que están dando lugar a crisis en valores humanos: convivencia, respeto, tolerancia...

En el caso de inundaciones viene a repetirse el mismo esquema, centrando la información en el desastre causado por el agua: imágenes de personas achicando de sus casas, entrevistas a los afectados, coches flotando, vídeos de la riada, enseres en las calles, políticos con traje visitando la tragedia. Nunca se detalla que muchos de estos desastres se producn y agravan por errores urbanísticos y la especulación del suelo, desviación de cauces, falta de mantenimiento de éstos, o que las zonas afectadas están calificadas como zonas inundables...

Periodismo sensacionalista en definitiva, ausencia de análisis y sobretodo falta de información adecuada ante las alarmas que deberían alertar a la población, advertir de los riesgos y difundir maneras de actuar en un estado de alerta, tales como limpiar torrenteras y cauces de ríos previniendo las riadas, eliminación de obstáculos, etc. Información útil, que brilla por su ausencia, de manera que las noticias sobre inundaciones son siempre iguales, repetitivas, *"estereotipadas"* centradas en el sensacionalismo de la catástrofe, de la que todo el mundo termina sabiendo, sin embargo existe ausencia de conocimiento útil en la forma de actuar, en la prevención de posibles riadas ante la previsión de fuertes tormentas. Información que con suerte, suele aparecer a posteriori, y que pone de manifiesto la falta de información adecuada a priori, y la falta de adecuación de las infraestructuras, o la ubicación de las viviendas inundadas en zonas inundables...

Esta manera de informar no parece por lo tanto muy útil ya que omite datos importantes y fundamentales que además se saben a priori, sin que esa información se divulgue y se convierta en conocimiento.

Figura 1: decodificar la información. Autor: Chema Jambrina 2018

3. Conclusiones

Constatada por tanto la gran difusión que consiguen las televisiones en las sociedades mediáticas, parece claro entender que al menos las emisoras públicas, deben tener una vocación de servicio público, que se traduzca en contenidos e informaciones útiles para la sociedad a la que se dirigen. No deben entrar por lo tanto en competencia con las televisiones privadas, ni hacer mímesis de contenidos con ellas, puesto que su carácter público y social debe ser la prioridad en sus programaciones y contenidos, rechazando aquellos programas banales, propios de televisiones dirigidas al entretenimiento de corte puramente comercial.

De alguna manera, se trata de convertir los entes de comunicación públicos en plataformas educativas colectivas, que propongan modelos de comportamiento que pueden ser tomados como referentes sociales, y así, quizá las tv privadas pudieran "contagiarse" a su vez de esos referentes y conseguir que la información divulgada se convierta en conocimiento práctico y funcional -útil- para las comunidades a las que se dirigen.

Para concluir, apuntar un referente: el histórico programa *La Clave*, dirigido por *José Luis Balbín*, en el que se emitía un largometraje alusivo al tema elegido y sobre cuyo contenido al término de la película, se abordaba una tertulia o debate, al que se invitaba a personalidades relevantes, eruditos e intelectuales del mundo de la política, ciencia o cultura. Sus debates, siempre en directo, y en torno a temas importantes como el aborto, la transición política, economía, etc. es considerado uno de los mejores programas informativos y de debate de la historia de la televisión, de cuyas conclusiones, algunas propuestas llegaron incluso a debatirse en el Congreso. Ahí está la clave.

CAPÍTULO III

LA MUJER Y SU ROL EN LA ESTRUCTURA DE PODER EN LA ANTIGÜEDAD: EL CASO DE INANNA, LA DIOSA GOBERNANTE DE URUK

Dra. Cristina Martín-Jiménez

Investigadora en el Laboratorio de estudios en Comunicación, Ladecom, Facultad de Comunicación. Universidad de Sevilla.

Resumen

La forma en que se desarrollaron las estructuras de poder de la antigua civilización sumeria está custodiada en las primeras grafías impresas, tanto en la roca como en las tablillas de arcilla. Traducirlas e interpretarlas es vital para entender su organización social. Y así se está haciendo. Pero en este proceso epistemológico no se está prestando la suficiente atención al rol de poder que ejercieron las mujeres en los primeros centros urbanos de Oriente Próximo, considerados la cuna de la civilización.

Consideramos que la relevancia científica de atender a este fenómeno de género y poder está justificada, fundamentalmente, por dos causas. La primera, porque las organizaciones jerárquicas de las sociedades actuales han perpetuado paradigmas de estructuras de organización social y mando que se establecieron en la Edad Antigua, pero no se le han atribuido, en su justa dimensión, a las mujeres, por lo que se ha ignorado su imprescindible papel en la formación y organización de sociedades. Y en segundo lugar, porque los estudios actuales de género e igualdad quedarían incompletos sin su correcta contextualización histórica. Es por estas causas que nos hemos decidido a investigar los roles que ejercieron las mujeres en los orígenes civilizatorios. Es decir, en todas las culturas, ya sean las primigenias o las actuales, existe una elite que, situada en la cima del poder, toma las decisiones (Castells, 2009; Reig, 2015; Mills, 1993). En las civilizaciones originarias, el sacerdote-rey (Khurt, 2000) se situaba en la cúspide y, en la actualidad, son los propietarios de los grandes conglomerados financieros (Reig, 2015; Martín-Jiménez, 2017). Es decir, en el vértice de la estructura de poder siempre hay un sujeto, o un grupo de ellos, que la mantienen y perpetúan.

En nuestros estudios previos acerca del poder y la comunicación (Martín-Jimenez, 2017), así como del poder y la mujer (Martín-Jimenez, 2018) hemos detectado pruebas e indicios que demuestran que, en los orígenes de las civilizaciones, la mujer tuvo un papel predominante en los ámbitos político, económico, social, bélico y cultural. Sin embargo, consideramos que sus roles de poder no han sido expuestos y analizados como debieran. Con el objetivo de contribuir a los estudios de género e igualdad contemporáneos, nos proponemos iniciar una serie de trabajos en este campo para demostrar que, a lo largo de la historia, la posición de la mujer en la cima social y de poder ha experimentado cambios. Si demostramos que, en el origen, las gobernantes fueron féminas, lo que se reclamaría en el ámbito epistemológico actual no sería un derecho nuevo sino la restauración de un poder que ya ejerció la mujer con anterioridad. Consideramos científicamente necesario diferenciar y aclarar este matiz.

Continuamos, por ello, en este trabajo la serie de estudios sobre estructuras de poder y mujer que hemos iniciado en nuestro libro *Hijos del Cielo* (2018). Entre las figuras femeninas destacadas en los textos cuneiformes y mitos fundacionales de las principales culturas del planeta, seleccionamos, para este trabajo, el caso de Inanna, la diosa gobernante de Sumer. Su arquetipo puede proporcionar un modelo a los estudios de género e igualdad que se están desarrollando en la academia.

Palabras claves

Mujer, igualdad, estructuras de poder, Inanna, Sumer.

Objetivos Generales y Específicos

Nuestro objetivo principal es exponer, ordenar y analizar en su contexto concreto los datos dispersos que ya existen y los que se están descubriendo actualmente acerca del rol de las mujeres en las estructuras de poder de las primeras civilizaciones. En este trabajo vamos a centrarnos en la figura de Inanna, la diosa gobernante de la ciudad de Uruk.

Método - Desarrollo del trabajo

La metodología y la teoría que fundamentan este trabajo tienen su base en el enfoque estructural y en la Economía Política de la Información, la Comunicación y la Cultura (EPICC). Esta disciplina dispone de las herramientas precisas para "ir más allá de la apariencia y ser conscientes de lo que ocurre o de lo que realmente ocurrió en el pasado" (Mancinas-Chávez, 2009). Por ello, uno de los ámbitos esenciales en los que se centran los análisis estructurales es la Historia.

De este modo, lo primero que haremos es realizar un estudio de la estructura histórica en la que aparece y se desarrolla la figura de Inanna. En segundo lugar, analizaremos la estructura de formación y organización social de la ciudad de Uruk, que ella gobernó. Y por último, expondremos y analizaremos algunos de los principales mitos sobre esta diosa.

Se trata de reunir los datos dispersos, exponerlos y estudiarlos en profundidad. En síntesis, lo que haremos será analizar quién era ella y qué funciones desarrolló en la estructura de poder de su ciudad y su época, según ha quedado registrado en los mitos y relatos antiguos. El mito expresado en un poema o relato no es una invención fantástica, sino un lenguaje simbólico, oculto y profundamente complejo (Martín-Jiménez, 2018). Por ello es importante conocer el contexto histórico y la polis en los que se generó el fenómeno, porque sin estos datos no podríamos acceder a los significados ocultos de sus mitos.

1. Introducción

Aunque las tablillas sumerias comenzaron a descubrirse y traducirse en el siglo xix, es después de la Segunda Guerra Mundial, a partir de 1950, cuando un grupo de académicos de la Universidad de Oxford inició su estudio. La comunidad científica descubrió que la escritura cuneiforme era mucho más importante de lo que en principio parecía.

Poco a poco, las ciudades-estado de Uruk, Ur, Eridu o Canaán, de las que sólo existían referencias bíblicas, comenzaron a resurgir del pasado. Con los adelantos en las herramientas de medición y el avance en la traducción de los documentos cuneiformes, estamos en una nueva era de revolución cognitiva en la que se ha despertado la consciencia de ser mujer.

Al principio, los textos cuneiformes parecían relatos fantásticos, pero paulatinamente la arqueología acudió en ayuda de los asiriólogos y una desbordante documentación comenzó a demostrar con pruebas irrefutables que hubo un tiempo en que las ciudades y las reinas que habían sido consideradas invenciones literarias existieron realmente. Así lo relatan sus tablillas más antiguas, memoria viva de aquella humanidad conectada con lo divino celestial.

Entre estas diosas celestes de Sumer que luego se perpetuarán en las culturas posteriores, destaca la figura de Inanna, la Reina del Cielo (Kramer, 1985). Aunque se han traducido sus poemas y mitos, aún está pendiente el análisis político de su función como gobernante en la estructura de poder de la Era Antigua. Comenzaremos este trabajo atendiendo al contexto histórico en que surge y se desarrolla su mando.

2. Contexto histórico

2.1. Sumer, el mundo de Inanna

Los últimos estudios de la antigua Sumer están revelando que la historia del sur de Asia durante el Pleistoceno superior[1] es mucho más compleja de lo que se previó. Los asiriólogos reconocen que aún no han podido extraer las causas que expliquen, sin dejar lugar a la especulación, por qué y cuándo exactamente ocurrió (Khurt, 1995; Margueron, 2002; Lara-Peinado, 2002), pero las pruebas arqueológicas y las escrituras cuneiformes[2], consideradas las escrituras pioneras de la Tierra, demuestran que la primera luz que alumbró una auténtica civilización terrestre

---

[1] El Pleistoceno comienza hace 2,59 millones de años y finaliza aproximadamente en el 10000 a.C.

[2] Solo en la antigua Ebla, en el norte de la actual Siria, se han recuperado 20.000 tablillas.

estuvo sobrevolando durante años la llanura mesopotámica hasta ubicarse finalmente entre las planicies aluviales del sur, en el delta pantanoso de los ríos Tigris y Éufrates (Kramer, 1981; Lara-Peinado, 2002; Gwendolyn, 2002).

Los sumerios fueron los primeros que construyeron una civilización y una escritura, además de levantar templos –zigurat– y amurallar sus ciudades (Van De Mieroop, 2005). A pesar de que, tras más de un siglo de análisis y estudios, se han logrado notables progresos, el enigma científico que aún plantean los sumerios es su origen desconocido, por lo que, en el siglo pasado, los asiriólogos denominaron esta incógnita como «el problema sumerio».

2.2. Las culturas neolíticas precedentes

En el Neolítico, al sur de Mesopotamia, en el Creciente Fértil, y alrededor del 7000 a. C, las culturas de Oriente Próximo fundaron asentamientos y celebraron rituales religiosos. Previamente se había desarrollado la cultura sedentaria de Jarmo (6700-6500 a. C.), con cazadores y recolectores que cultivaban trigo y cebada y que enterraban a sus muertos (Margueron, 2002).

Posteriormente floreció la cultura Halaf por la zona actual del norte de Siria y Anatolia, en el centro de Turquía. Pero los halafitas desaparecieron inexplicablemente sobre el año 5400 a. C. (Kuhrt, 2000). En los niveles inferiores del asentamiento de Arpachiya, cerca de la ciudad bíblica de Nínive, se han hallado indicios de un ataque inesperado que pudo acabar con el poblamiento, lo que para el asiriólogo francés Paul Garelli es la prueba de la invasión de unos recién llegados, aunque aún se desconoce la identidad de éstos (2002).

Los halafitas moldearon con destreza estatuillas femeninas en las que subrayaron los atributos las divinidades titulares de la fertilidad: caderas anchas y pechos ampulosos.

Otro centro cultural que surge en la zona es el de Hassuna-Samarra (5500-5000 a. C.), ubicada en el actual Irak, que tenía la destreza de sembrar en zonas montañosas inaccesibles en las que construyeron canales para el riego (Margueron, 2002).

Estos avances civilizatorios desembocaron en la cultura de El Obeid o Ubaid (5000-4000 a. C.), la inmediatamente anterior al esplendor sumerio. Los obeidianos eran expertos en el control de las aguas de regadío mediante la construcción de canales y exportaron la técnica a otras zonas de Mesopotamia, estableciendo las primeras bases de las inminentes ciudades (Margueron, 2002). Su cerámica es más refinada que la de las culturas precedentes: comían en cuencos y en platos, y usaban jarras de cuello largo para escanciar el vino. Además, comerciaban con sus productos por toda la cuenca mesopotámica hasta el mar Mediterráneo e importaban piedra dura, de la que carecían (Van De Mieroop, 2005).

El individuo ya es muy importante en esta cultura, pionera en usar símbolos identificativos personales que imprimían en pequeñas tablillas de arcilla mediante incisiones. De éstos proceden los sellos cilíndricos que en Uruk se colgarían del cuello los sacerdotes y altos funcionarios para sellar documentos, a los que poco después añadirán inscripciones cuneiformes (Pittman, 1995).

2.3. Algunos datos sobre la lengua sumeria

La escritura surgió en esta zona en torno al 5000 a.C. impulsada por la construcción de las ciudades iniciales de la Tierra. Las primeras inscripciones se grabaron con una caña hueca sobre tablillas de arcilla cocida. Fue el paso del pictograma —basado en el dibujo de un símbolo o de un concepto— al signo, que derivará posteriormente en la escritura alfabética. La llamaron escritura sagrada porque se la habían enseñado los dioses (Acosta, 1998).

La lengua de los sumerios era aglutinante. Las palabras y los conceptos se formaban a partir de monemas independientes que se combinaban para representar conceptos e ideas. De este modo, por ejemplo, se referían a sí mismos con dos monemas: sag-giga, que significa «el pueblo de cabezas negras» (Hallo y Simpson, 1971). Posteriormente, el sacerdote e historiador babilonio Beroso los denominó «extranjeros de caras negras» (Jackson, 1972).

Estos «extranjeros» bautizaron a su paraíso terrenal con el nombre de Dilmún, «el lugar de la salida del Sol» o «la tierra de la vida», un vergel «donde los leones no matan, los lobos no se llevan a los corderos, los cerdos no saben que los granos son para comer» (Lara-Peinado, 2002)[3].

Fueron sus sucesores, los semitas acadios, quienes la llamaron *Shumeru*, por lo que cabe deducir que la bíblica Shinar, la egipcia Sngr o la hitita Sanhar(a) serían variantes del vocablo Sumer (van der Toorn y van der Horst, 1990) y de su significado como "el lugar de la salida del Sol". En nuestros estudios de semiótica comparada (Martín-Jiménez, 2018), hemos concluido que, en el contexto de una polis, el término Sol no refiere ni remite al astro sino que es el epíteto con el que se designa al

---

[3] Mito de Enki y Ninhursag, en Lara-Peinado, 2002.

gobernante supremo —ya sea femenino o masculino— de una civilización o ciudad. Este gobernante alumbra a todos sus súbditos con la luz radiante de su sabiduría.

Fueron los griegos los que la llamaran Sumer. Fue el paraíso terrenal en contraste con el paraíso celestial del que las divinidades fundadoras aseguraban provenir (Martín-Jiménez, 20018).

3. Uruk

En los asentamientos de la cultura obeidiana han aparecido restos de templos de planta rectangular y techo plano —algunos superaban los 12 metros cuadrados—, preámbulos de los zigurats sumerios escalonados de anchura decreciente que surgirían a continuación. Y es que la era de El Obeid desembocó, a principios del año 4000 a. C., en la cultura de Uruk[4].

Edificada sobre las viejas estructuras obeidianas, la ciudad de Uruk fue la más grande del mundo durante el III milenio a. C., una urbe bulliciosa y muy conocida desde Egipto hasta Turquía, donde ya se comerciaba con el Valle del Indo y se realizaban complejos rituales y sacrificios a los dioses (Lara-Peinado, 1998). Era un lugar mítico y, más allá de sus fronteras, tanto en el Cielo como en la Tierra, existía un universo inmenso y desconocido para sus habitantes, poblado por monstruos, deidades y espíritus (Martín-Jiménez, 2018).

Los sumerios la llamaron Unug y los hebreos, Erech. Para los griegos fue Orchoē u Ōrýgeia y para los árabes, ʿIrāq. Se situaba en la ribera oriental del río Éufrates, en una región de pantanos. Su población era de entre 50.000 y 80.000 habitantes; la mayor ciudad del mundo en esa época (Harmansah, 2007).

En esta ciudad fue descubierta la evidencia más antigua de escritura en tablillas de arcilla (Hirst, 2017).

El principal templo de Uruk era el de Inanna, la diosa de los Cielos o del Universo. Era la titular y guardiana del amor, la fecundidad y la guerra. Sus habitantes lo llamaban Eanna o É-anna, que en lengua sumeria se formaba con los monemas É, que significa templo o casa, y Anna, que significa cielos y universo. Es decir, el Eanna era la "Casa de los Cielos", el lugar donde se veneraba a la "Reina de los Cielos" (Richardson, 2004). Ella representaba la vida, a quien los hombres habían dado culto

---

4 Ubicada cerca de la actual ciudad de Samawa, 280 km al SSE de Bagdad, en la provincia iraquí de Al Muthanna.

desde el origen. Era la prolongación de la tradición de las "diosas madres" prehistóricas y se identifica con la diosa Astarté fenicia y la griega Afrodita (Eliade, 2010).

Uruk es en sí mismo un centro fundamental de la historia de la humanidad. Es la base, el puntal de lanza de una cultura que urbanizó y colonizó el occidente asiático y que hoy es considerada la cuna de la civilización.

Nuestro interés en este trabajo es centrarnos en Inanna, la diosa patrona y gobernante de la ciudad de Uruk.

4. La deidad suprema de Uruk: Inanna

Inanna es la diosa-gobernante más antigua de las que se tiene referencia en los textos cuneiformes. La gobernante, protectora, madre y patrona de los habitantes de la ciudad de Uruk. Fue la deidad más querida y venerada por los antiguos sumerios (Wolkstein y Kramer, 1983). Su templo principal estaba en la ciudad de Uruk.

Esta civilización era plenamente consciente de sus logros y, orgullosos de lo que habían conseguido, plasmaron sus hazañas y grandeza en poemas con moraleja (Lara-Peinado, 1998). En su abundante bibliografía cuneiforme, Inanna es la protagonista del mayor número de mitos, cuentos y poemas (Kramer, 1981). Ella es la primera diosa de la historia registrada en el mundo y siguió siendo venerada por los semitas acadios con el nombre de Ishtar (Dalley, 1998).

Los sumerios urbanitas de Uruk afirmaban que aquellos que «no sabían comer el pan» eran seres incivilizados y salvajes, que se empeñaban en seguir viviendo en la estepa sin orden ni reglas (Lara-Peinado, 1998). «Civilizarse» requería tanto una domesticación de los instintos como la entrega —voluntaria o no— de una parte de la libertad individual en pro de un proyecto común para el cual era necesario aceptar una serie de normas. Las reglas en las primeras ciudades-estado de Sumer las ponía su diosa Inanna, la Señora del Cielo (Martín-Jiménez, 2018). Detectamos en este dato una continuidad en la veneración de la patrona-gobernante, pues existen, en la actualidad, templos cristianos centrados en la advocación de Nuestra Señora de Regla, como es el caso de la población de Chipiona, en Cádiz (España).

Los ciudadanos de Uruk sostenían que lo que les había llevado desde la estepa salvaje hasta la civilización era la sabiduría, el conocimiento transmitido por sus dioses fundadores, sobre los que destacaba su patrona Inanna.

En sumerio, «In» significa señora o señor, indicando el rango de quien ostenta el máximo poder del gobierno de una ciudad o un templo.

4.1. Inanna, Reina del Cielo y diosa de la fertilidad

Ya hemos hablado del neolítico precedente, pero insistimos en señalar que en el pleistoceno, la Tierra estaba someramente poblada. Los grupos de neandertales y australopitecos competían por la comida y el espacio (Diamond y Bellwood, 2003). En un territorio hostil, infectado de fieras hambrientas, sin la protección de casas ni murallas, sólo la perpetuación de la especie, a través del aumento de los miembros de la tribu, aseguraba la supervivencia. Cuanto mayor fuera el número, más y mejor podrían defenderse de los clanes contrarios y de las bestias. Por ello, los primeros conceptos simbólicos a los que los *homo* adoraron fueron los poderes de la fertilidad de la mujer, representada en figurillas femeninas de barro que alababan los pechos de donde provenía el alimento de los recién nacidos (Martín-Jiménez, 2018).

Un caso paradigmático de esta adoración la encontramos en la Venus de Willendorf. Se trata de una diosa paleolítica encontrada en Austria en 1908, datada entre 28.000 y 25.000 a. C. Lejos de los cánones de belleza actuales, esta divinidad representa el auténtico atractivo y riqueza de la época en la que fue esculpida: la fertilidad (Martín-Jiménez, 2018).

Mediante sus pechos cargados de leche y su aparato reproductor, simbolizado por una forma triangular o montaña, la tribu se hacía fuerte. Es impresionante advertir la conjunción entre el arte como símbolo y el conocimiento que éste es capaz de transmitir.

En este modelo de veneración hacia el poder fertilizador femenino hunde sus raíces la relevancia que los sumerios otorgaron a Inanna. Por ello, entre sus numerosos epítetos, la llamaron «la Señora de la Montaña» identificando su monte sagrado —el embarazo— como la puerta de la vida (Martín-Jiménez, 2018). Observamos, de este modo, una línea de continuidad entre las diosas neolíticas y las primeras diosas-gobernantes sumerias como Inanna, quien ostentaba el poder en la ciudad de Uruk.

A Inanna también la llamaron la «Primera Hija de la Luna» y «Estrella de la Mañana y de la Tarde». Se la identificaba con el planeta Venus (Kramer, 1983). El «monte de Venus» es uno de los nombres metafóricos del aparato reproductor femenino, aún referido en la actualidad, que incide en la concepción de Inanna como diosa titular del amor y de la fertilidad. Defendemos que su cualidad de diosa de la guerra se debe a que gracias a la reproducción femenina, las tribus o clanes aumentaban y, de este modo, podían hacer la guerra, ya fuera en caso de necesidad defensiva o de conquista de otras tierras.

De este modo, en la antigüedad se consideraba a la mujer como el bastión principal de una comunidad, pues sin su cualidad creadora, la tribu desaparecía.

Cada ámbito de la organización social en Uruk estaba regido por un nombre de diosa, que podía llegar a tener decenas de epítetos que definían sus poderes y funciones. Y es que su creatividad fertilizadora era desorbitante e ilimitada. La cualidad creadora dio nombre femenino a los secretos que les condujeron a la civilización: la agricultura, la ganadería, la caza, la guerra, la vida, la conciencia, la humanidad. Encontramos en Sumer el origen de las diosas griegas y romanas: Ceres, Afrodita, Diana, Atenea, etc. (Martín-Jiménez, 2018).

De este modo, miles de años después, en una metáfora de la fertilidad divina, los aedos griegos alabarán a la diosa Hera, esposa de Zeus, como creadora de la Vía Láctea, el Sistema Solar y el planeta Tierra. Según su mitología, surgieron de la leche de sus pechos cuando apartó al titán Heracles, el Hércules romano, mientras lo amamantaba (Burkert, 1985). Es decir, las diosas no solo garantizaban la supervivencia de los bebés y, con ésta, el futuro triunfo en una guerra, sino que su poder hacía mutar la naturaleza de un semidiós en la de una deidad total, como le ocurrió a Heracles tras mamar la leche de sus pechos.

Hay casos semejantes registrados en la historiografía griega y romana, e ncluso hemos detectado en cánticos cristianos la pervivencia de los epítetos usados en los himnos dedicados a Inanna, como «Reina del Cielo y de la Tierra», «Estrella de la Mañana» o «Puerta del Cielo».

4.2. Diosa del amor y de la estrategia

Para Kramer, «la primera historia de amor del mundo, dos mil años anterior a la Biblia —tierna, erótica, impactante y compasiva—, es una historia sagrada que tiene la intención de llevar a su público a un nuevo lugar espiritual. Con Inanna ingresamos en el lugar de exploración, el lugar donde no todas las energías han sido domesticadas u ordenadas» (1983). Ya hemos apuntado que Inanna es la protagonista indiscutible del mayor número de poemas sumerios. En este fragmento, se relata su historia de amor con el rey-pastor Dumuzi. Este texto demuestra que, en aquel tiempo, ya existía la literatura erótica.

Inanna habló y dijo:
«Donde el Barco del Cielo ha atracado,
ese lugar se llamará el Muelle Blanco.
Donde el Santo Yo ha sido presentado,
ese lugar lo llamaré el Muelle del Lapislázuli.
Mi vulva, el cuerno,
el Barco del Cielo,
está lleno de entusiasmo como la joven luna.
Mi tierra sin labrar se encuentra en barbecho.
En cuanto a mí, Inanna,
¿quién arará mi vulva?
¿Quién arará mi campo alto?
¿Quién arará mi terreno mojado?
En cuanto a mí, la joven mujer,
¿quién arará mi vulva?
¿Quién colocará allí el Buey?
¿Quién arará mi vulva?
Dumuzi respondió:
«Gran Dama, el rey arará tu vulva.
Yo, Dumuzi el Rey, araré tu vulva».
Inanna:
«¡Entonces ara mi vulva, hombre de mi corazón!
¡Ara mi vulva!».
En el regazo del rey estaba el cedro en ascenso.
Las plantas crecieron altas a su lado.
Los granos crecieron a su lado.
Los jardines florecieron lujosamente»[5].

La vulva, el cuerno, el Barco del Cielo de Inanna, símbolos muy antiguos, que aún están presentes en culturas y religiones de todo el planeta. La barca celeste es el vehículo en el que la diosa viaja por el Cosmos. Ella aparece en forma de triángulo sobre la nave, es decir, como la Señora de la Montaña Sagrada (Martín-Jiménez, 2018).

Por otra parte, para ejercer su poder político, Inanna es una diosa estratega. Uno de sus cuentos destaca su astucia al idear una táctica mediante la que se apropió de los «Me», que era el conjunto de conocimientos de todas las materias que se necesitaba para organizar y gobernar la creación. Inanna viajó por los cielos en su barca hasta el Apsu, el hogar de Enki. Advertido de la intención de Inanna, él preparó una fiesta para recibirla y desvelar su engaño. Pero la astuta Inanna aprovechó el convite para emborrachar a Enki y, mientras dormía, le robó los «Me». Se los llevó a Uruk, donde edificó una próspera ciudad. Desde

---

allí, fueron difundidos al resto de ciudades-estado sumerias (Leick, 2002).

La devoción y el diezmo que los miembros de la estructura de poder de estas ciudades primigenias le rindieron a Inanna, quedaron plasmados en el famoso jarrón ritual de Uruk, una vasija de alabastro datada entre el 3300-3100 a. C., que fue robado durante la Guerra de Irak del Museo de Bagdad. En él se muestra una procesión de personas transportando regalos para la diosa, como ovejas y productos agrícolas, así como un toro, que era una de los símbolos de la potencia divina. La comitiva termina frente a la sacerdotisa suprema de Inanna, custodiada a sus espaldas por los símbolos principales de la diosa: dos gavillas de caña, que representan la justicia y la verdad.

De este modo, la organización social en Uruk era un matriarcado donde la diosa Inanna, como titular de la fertilidad y la sabiduría, tenía la autoridad para distribuir los bienes y la ley.

Es decir, ella se ubicaba en la cima de la jerarquía política y jurídica. Desde allí, dirigía la estructura de poder de las primeras ciudades sumerias. Para tal desempeño, Inanna debía ser una diosa fuerte y astuta, e incluso a veces, despiadada o insensible. Así la describe la narrativa de la época, sobre todo, en sus relaciones con los hombres, en las que se manifiesta como una mujer que constantemente está cambiando de pareja según sus apetencias. Observamos que su carácter se aleja del de una mujer subordinada o sumisa a los dictámenes de los hombres. Ella es todo lo contrario. Son ellos los que se someten a los decretos de la mujer-diosa.

Inanna es una mujer completa, total. Es gobernante, amante y redentora; la mujer a quien todos adoraban y de quien dependía la vida.

5. Conclusiones

La civilización sumeria fue la primera que creó una ciudad, Uruk, de donde bebieron todas las culturas mesopotámicas posteriores que se extendieron por el Mediterráneo. Por ello, es egiptológicamente relevante constatar y difundir que en Uruk-Sumer, la cuna de la humanidad, el título de gobernante lo ostentaba una diosa, una mujer: Inanna.

Desde el neolítico hasta Uruk, hay una tradición de continuidad en la adoración de la mujer como generadora de vida. Esta cualidad la convirtió en gobernante, ocupando el primer puesto en la estructura de poder cuando surgió la primera ciudad sumeria.

Por sus cualidades específicas de fertilidad y procreación, el primer poder que se ejerció en Uruk fue el de Inanna, es decir, el de la mujer. Su potestad era mayor que la del hombre, pues él, aunque ayudaba en el proceso, ni podía dar a luz ni perpetuar la vida con la leche de sus pechos.

Con el tiempo, la diosa Inanna perderá su posición a favor de hombres guerreros fundadores de imperios. Es el caso del rey babilónico Marduk, en cuya biografía, el Enûma Elish, los escribas dejan claro que él venció a Tiamat, el nombre acadio de la diosa de los Cielos.

Desde la Antigüedad hasta nuestros días, la historiografía viene resaltando y difundiendo los nombres masculinos de los dioses, héroes, reyes y sacerdotes más destacados, pero ha olvidado los de las mujeres que fundaron las primeras civilizaciones. Sin embargo, el hecho de que sus títulos de poder se hayan perpetuado en el tiempo para seguir siendo usados en nuestros días, en el contexto de determinadas culturas, nos hace vislumbrar la importancia que estas mujeres tuvieron en el origen civilizatorio.

En el contexto actual, en que se reclama una igualdad entre hombres y mujeres en todos los ámbitos sociales, encontramos en la historia e historiografía arquetipos y paradigmas que demuestran que la mujer tuvo el poder y supo gestionarlo de la misma manera que lo han tenido y desarrollado los hombres. Por ello, hay que restaurar las figuras históricas femeninas y conferirles su dimensión plena para contribuir a una igualdad historiográfica.

Del mismo modo que los jóvenes y hombres del siglo XXI disponen de multitud de modelos y arquetipos de héroes y próceres masculinos del pasado con los que identificarse, las mujeres tienen la posibilidad de conocer sus referentes ancestrales. Es preciso rescatar a las mujeres primigenias que ejercieron el poder para seguir comprendiendo y construyendo una identidad femenina con la que las mujeres del siglo XXI argumenten la igualdad de género.

Consideramos necesario continuar analizando las figuras femeninas de la Antigüedad para aportar nuevos datos al estudio del rol de la mujer en las estructuras de poder primigenias con las que contribuir a la realidad de género contemporánea.

6. Referencias bibliográficas

Libros

Blázquez, J. M. (2001). Dioses, mitos y rituales de los semitas occidentales en la antigüedad. Madrid: Ediciones Cristiandad.

Bleeker, C. J. y Widengren, G. (1973). Historia Religionum. Madrid: Ediciones Cristiandad.

Burkert, W. (1985). Greek religión. Cambridge: Harvard University Press.

Castells, M. (2009). Comunicación y Poder. Madrid: Alianza.

Crowley, D. y Hayer, P. (1997). La comunicación en la Historia. Barcelona: Bosch.

Dalley, S. (1998). Myths from Mesopotamia: Creation, the Flood, Gilgamesh, and Others. Oxford: Oxford University Press.

E., Mircea. (2012). Historia de las ideas y las creencias religiosas, Barcelona: RBA.

— (2012). Tratado de historia de las religiones: morfología y dialéctica de lo sagrado. Madrid: Ediciones Cristiandad.

— (2012). De la Edad de Piedra a los misterios de Eleusis. Barcelona: Ediciones Paidós.

Hallo W. y Simpson W. (1971). The Ancient Near East. Nueva York: Harcourt.

Jackson, J. G. (1972). Man, God and civilization. New York: Kensington Publishing Corporation.

Jiang, Y. (2011). The Mandate of Heaven and The Great Ming Code (Asian Law Series). Washington, D. C.: University of Washington Press.

Kramer, S. N. (1979). De la poesía de Sumer, San Francisco: University of Berkeley Press.

— (1981). La historia empieza en Sumer, Madrid: Alianza.

Kuhrt, A. (2000). El Oriente Próximo en la Antigüedad. (3000-330 AC). Vol. 1. Barcelona: Crítica.

Lara-Peinado, F. (2002). Leyendas de la antigua Mesopotamia, Barcelona: Temas de Hoy.

Leick, G. (2002), Mesopotamia: la invención de la ciudad. Barcelona: Rubí, 2002.

Margueron, J. C. (2002). Los mesopotámicos. Fuenlabrada: Cátedra.

Martín-Jiménez, C. (2018). Hijos del Cielo. Las huellas del cosmos en la cultura humana. Barcelona: Martínez Roca.

Mills, C. Wrigth (1993), La elite del poder, México, Fondo de Cultura Económica.

Reig, Ramón (2015), Crisis del sistema, crisis del periodismo. Contexto estructural y deseos de cambio, Barcelona, Gedisa.

Ruiz-Acosta, M. J. (1999). Historia general de la comunicación: escritura y prensa, Sevilla: MAD.

Tigay, J. H. (1982). The Evolution of the Gilgamesh Epic. Filadelfia: University of Pennsylvania Press.

Van der Mieroop, M. A. (2005). History of the Ancient Near East. Malden: Blackwell Publishing.

Williams, R. (ed.). (1992). Historia de la Comunicación. Del lenguaje a la escritura, vol. 1. Barcelona: Boch.

Wolkstein D. y Kramer S. M. (1985). Innana, queen of heaven and earth. Her stories and hymns from Sumer, Nueva York: Harper & Row.

Woolley, L. (2003). Ur, la ciudad de los caldeos. Madrid: Fondo de Cultura Económica.

Artículos

Diamond, J. y Bellwood, P. (2003). Farmers and Their Languages: The First Expansions. Science 300 (5619), 597-603.

Goulder J. (2010). *Administrators' bread: an experiment-based re-assessment of the functional and cultural role of the Uruk bevel-rim bowl.* Antiquity Publications, 84, 324-362. UK: Cambridge University Press.

Harris, R. (1977). Notes on the slave names of Old Babylonian Sippar. Journal of Cuneiform Studies 29, 46-51.

Lara-Peinado, F. (1998). "Nada sabe de comer el pan": el trasfondo no urbano en el poema de Gilgamesh, *ISIMU. Revista sobre Oriente Próximo y Egipto en la antigüedad, Vol. 1, en* https://revistas.uam.es/isimu/article/view/3745, Consultado el 12 de diciembre de 2018.

Ruiz-Acosta, M. J. (1998). Notas para el Estudio del Origen de la Comunicación Social. Historia y Comunicación Social, 3, 391-401.

Van der Toorn, P. W. y Van der Horst. (1990). Nimrod before and after the Bible. The Harvard Theological Review, 83 (1), 1-29.

VVAA, Food for Thought: Did the First Cooked Meals Help Fuel the Dramatic Evolutionary Expansion of the Human Brain?, Science, 316, 1.558-1.560.

Capítulo dentro de un libro colectivo

Pittman, H. (1995). Cylinder Seals and Scarabs in the Ancient Near East, en J. Sasson (dir.), Civilizations of the Ancient Near East, New York.

Tesis doctoral

Martín-Jiménez, C. (2017). Interrelación entre el poder socio-político-mercantil y el poder mediático mercantil: el "Club Bilderberg" (1954-2017). Universidad de Sevilla.

CAPÍTULO IV

CHRISTINE LADD-FRANKLIN,
UN REFERENTE A CONOCER

Alba Carballo Castro
Universidad de Sevilla, España
Dr. Juan Núñez Valdés
Universidad de Sevilla, España

Resumen

En una labor por reconocer el papel de la mujer en la investigación y la enseñanza y también para abordar los problemas de género, los autores   de este artículo pensamos que es necesario sacar a la luz pública referentes de figuras femeninas que, enfrentándose a las dificultades que su género les suponía, realizaron un gran trabajo, en este caso como investigadoras y docentes.

Así, presentamos la biografía de una de estas mujeres, la estadounidense Christine Ladd-Franklin, quien vivió entre finales del siglo XIX y principios del XX y trabajó en diversas áreas como la Psicología, la Filosofía y las Matemáticas.

La metodología que se ha seguido en la investigación ha sido la búsqueda y contraste de información en diversos archivos y fuentes, la cual ha sido complementada con imágenes relacionadas a modo de ilustración.

Como resultado de nuestra investigación, creemos que Christine Ladd-Franklin puede ser considerada sin duda alguna como una de las primeras mujeres que tuvo que superar grandes dificultades solo por el hecho de ser mujer, logrando no obstante alcanzar numerosos éxitos en una sociedad que en principio no reconocía de la misma forma los méritos de las mujeres y los de los hombres.

De la investigación realizada puede destacarse que todos los trabajos que ella realizó no fueron reconocidos hasta la década de 1980, casi un siglo después, a pesar de constituir grandes aportaciones a las áreas antes mencionadas. Esto pone de manifiesto la necesidad de seguir rescatando las biografías de aquellas figuras femeninas que merecen reconocimiento por haber aportado su esfuerzo y su trabajo para el desarrollo del conocimiento.

Palabras claves

Christine Ladd-Franklin, dificultades de género, igualdad de género, referentes femeninos, mujeres pioneras, Filosofía y Matemáticas.

1. Introducción

Hoy en día, son numerosos los nombres de referentes masculinos que se conocen en el ámbito de la investigación y la enseñanza superior. Sin embargo, no son tantas las mujeres a las que se reconoce su labor, por mucho que a lo largo de la historia hayan realizado avances igualmente notables. Este artículo se enmarca por tanto en el cuadro de las biografías de mujeres científicas cuya labor ha podido verse enmascarada por razones de sexo.

Una de estas figuras es la de Christine Ladd-Franklin. Ladd-Franklin fue una científica multidisciplinar que trabajó en áreas como las Matemáticas, la Filosofía, la Psicología, la Biología y la Botánica, realizando numerosas aportaciones. De entre ellas destacan publicaciones tan relevantes en su ámbito como su "Teoría de la Visión del Color".

Fue además un ejemplo a seguir, en tanto que se enfrentó a numerosos obstáculos a lo largo de su carrera por el hecho de ser mujer, sentando precedente para otras muchas científicas que seguirían sus pasos años después.

2. Objetivos y metodología

El objetivo de este artículo es mostrar y resaltar los logros de Christine Ladd-Franklin, quien, a pesar de las dificultades a las que se enfrentó, tuvo una carrera y trayectoria muy destacables. Del mismo modo, pretendemos distinguirla como referente femenino y defensora de la igualdad de oportunidades.

Al rescatar su biografía, la intención es acercar la figura de esta científica e investigadora a la sociedad en general, de forma que pueda servir como un ejemplo más a la hora de romper el estigma en torno a la mujer y la ciencia.

Como ya se ha indicado, la metodología seguida para la elaboración de este artículo ha sido la búsqueda y contraste de información en diversas fuentes y archivos, la cual se ha complementado con distintas imágenes a modo de ilustración, todas ellas obtenidas a través de páginas webs libres de derechos.

3. Infancia y primeros estudios

Christine Ladd-Franklin (de soltera Christine Ladd) nace en Windsor, Connecticut, Estados Unidos, el 1 de diciembre de 1864. Era la hija mayor de un comerciante y su esposa, ambos de familias adineradas y tenía dos hermanos más. Los primeros años de su vida los pasó en Nueva

York, trasladándose de nuevo su familia a Windsor cuando Christine tenía seis años.

Desde pequeña, su madre, Augusta Ladd, y su tía, Juliet Niles, tuvieron una fuerte influencia en su educación. Ambas eran defensoras de los derechos de las mujeres y del sufragio femenino por lo que siendo niña la llevaron a numerosas charlas y conferencias sobre esta temática. Su objetivo era que Christine creciera queriendo vivir según sus aspiraciones y no según lo que la sociedad esperaba de ella por ser mujer. A modo de ilustración sirva una cita de una carta escrita por Augusta:

> Las mujeres pertenecen... a cualquier lugar donde un hombre deba estar (Furumoto, 1992).

Cuando Christine tenía apenas doce años, su madre falleció y tras un nuevo matrimonio de su padre, fue enviada a Portsmouth, New Hampshire, a vivir con su abuela.

Figura 1: Christine Ladd-Franklin, de niña

Fue durante toda su infancia una alumna muy aventajada y precoz que siempre quiso continuar sus estudios y avanzar todo lo posible en ellos. Esto se debió en gran medida al ambiente que observó siempre en su familia materna y al apoyo que recibió de su padre en todo momento:

> Todo lo que necesitas es un poco de coraje y puedes hacerlo tan bien como cualquiera, no tengo duda, así que no tengas miedo y adelante,

da lo mejor de ti; y te aseguro que harás los ensayos tan bien como cualquiera en el colegio (Furumoto, 1992).

De esta forma, su padre no tuvo reparo en inscribirla en un curso de dos años en la Wesleyan Academy en Wilbraham, Massachussets, siguiendo sus deseos. Así, Christine estudió los mismos contenidos que otros chicos que estaban preparándose para acceder a la Universidad de Harvard. Se graduó en 1865, y tras eso decidió continuar sus estudios en el Vassar College, cerca de Nueva York.

El Vassar College era un centro de educación femenino, donde se buscaba que las mujeres pudieran obtener una educación de la misma calidad y bajo los mismos estándares que la que recibían los hombres en otros centros universitarios. En una de las entradas de su diario, que Christine escribía desde 1860, recoge que:

> He estado leyendo sobre el Vassar College... Debo ir. Debo convencer a mi padre para que me envíe (Vassar Encyclopaedia, 2008).

Sin embargo, no todo eran facilidades, ya que cierto sector de su familia, y en particular la abuela con la que vivía se oponía a que continuara sus estudios. La abuela tenía en cierta medida el temor de que cuando Christine terminara sus estudios, fuera demasiado mayor como para encontrar marido. Christine la convenció argumentándole que, dado el gran número de mujeres que había en su ciudad y que ella no era una mujer hermosa, le iba a resultar muy complicado encontrar un marido que la mantuviera, por lo que la única forma de conseguir ganarse la vida era estudiando.

Figura 2: Vassar College, Nueva York

Finalmente, y con un préstamo de su tía Jules, comenzó a estudiar en el Vassar College, y su padre recibió esta noticia con alegría, como le mostró en una carta, en la que le decía:

> Me alegró mucho ver que has pasado todos tus exámenes en tus diferentes estudios y confío en que seguirás siendo la número uno en tus clases, aunque supongo que tendrás rivales más capaces que en Wilbraham, por lo que tendrás que luchar lo más duro posible (Furumoto, 1992).

Sin embargo, Christine se mostró en un principio desencantada en el Vasar Collage porque allí no encontró el ambiente que esperaba. En particular le molestaba el hecho de que horarios fueran muy rígidos, en los cuales se les indicaba cuándo realizar tareas cotidianas como comer, ducharse, rezar e incluso levantarse y acostarse. Esto desagradaba profundamente a Christine, ya que sentía que era algo que no pasaba en *colleges* masculinos y que se estaba considerando que las mujeres no podían ser tan independientes como un hombre para organizarse en la realización de estas tareas.

No obstante, realizó un primer año de estudios, tras el cual se vio obligada a dejar Vassar por motivos económicos. Pasó entonces un año trabajando como profesora en una escuela pública en Utica para reunir algo de dinero. Además, "practicó el piano, aprendió tres o cuatro lenguas, trabajó en problemas de trigonometría y coleccionó 150 especímenes botánicos" (Green, 1987).

Tras esto, retomó sus estudios en el Vassar College en otoño de 1868. Durante su segundo año comenzó a apreciar más la escuela, ya que las clases empezaron a serle un reto. Descubrió además su pasión por la ciencia y se encontró con María Mitchell, astrónoma y científica de gran prestigio, conocida por ser la primera mujer en observar un cometa al telescopio (bautizado como *Cometa de Miss Mitchel*), además de ser la primera mujer miembro de la Academia Americana de las Artes y las Ciencias y de la Asociación Americana para el Avance de las Ciencias (Masegosa, 2015). Fue también una científica que tuvo que enfrentarse a numerosas adversidades solo por su condición de mujer y que pese a ello reunió y animó a muchas alumnas a realizar estudios superiores.

Figura 3: Maria Mitchell con un grupo de alumnas

María Mitchell apoyó en todo momento a Christine para que continuara sus estudios en Matemáticas y Ciencias bajo su tutela. Christine desarrolló así una gran pasión por las Matemáticas y la Física, materias en las que obtuvo además muy buenos resultados. A la hora de elegir en qué graduarse, quiso hacerlo en Física. Sin embargo, como en aquella época las mujeres no tenían permitido trabajar en los laboratorios y dado que Christine tampoco contaba con los recursos económicos como para montar uno propio, terminó por graduarse en Matemáticas, un dominio con perspectivas algo más optimistas para las mujeres en aquellos tiempos. Finalizó sus estudios en 1869 con unos resultados excepcionales.

4. Estudios de doctorado

Una vez graduada, Christine trabajó durante nueve años como profesora de Matemáticas y Ciencias en un instituto de secundaria en Hollidaysburg, Pennsylvania. Además, colaboraba con el *Educational Times*, un periódico de Londres donde publicaba soluciones a problemas matemáticos y con *The Analyst*, un diario neoyorquino donde publicó también algunos de sus trabajos, siendo la primera mujer en publicar en este periódico.

Al mismo tiempo, y compaginándolo con su trabajo y sus artículos, comenzó un estudio más intenso de las Matemáticas, ampliando su formación de manera autodidacta y llegando a acudir a cursos de la Universidad de Harvard, del Washington College y del Jefferson College, donde tuvo la oportunidad de aprender de figuras importantes en la época.

En 1971 se traslada a Washington, Pennsylvania, donde había aceptado un puesto de trabajo con un sueldo algo mayor. Continuó del mismo modo con sus otras tareas, estudiando y aprendiendo de matemáticos y lógicos notables, al mismo tiempo que siguió investigando y escribiendo artículos.

Sin embargo, esta vida como docente de secundaria no la llenaba del todo, por ello cuando la John Hopkins University abre en 1876 y el matemático inglés James Joseph Sylvester ocupa la Cátedra de Matemáticas, Christine no dudó en escribirle para consultarle acerca de la posibilidad de inscribirse como alumna. Sylvester, quien ya la conocía por sus artículos y problemas publicados en el *Educational Times*, la animó a hacerlo.

Figura 4: El matemático inglés James Joseph Sylvester

Christine era consciente de su posición desventajosa, dado que las mujeres no eran aún bienvenidas en la mayoría de los centros universitarios, siendo la excepción aquellos de carácter exclusivamente femenino como el Vassar College. Sin embargo, había recibido noticias de otras mujeres que habían logrado permiso para acceder a ciertos cursos en instituciones universitarias masculinas y fue esto lo que le sirvió como impulso final para mandar su solicitud.

De esta forma en 1877, Christine envió una solicitud acompañada de unas credenciales impecables bajo el nombre de "C. Ladd" para optar a una beca de estudios en Matemáticas, siendo aceptada. Sin embargo, las cosas se complicaron:

> Cuando descubrieron que la "C." era de Christine, varios miembros del comité argumentaron que había usado engaños para conseguir ser admitida, e inmediatamente se movieron para revocar la oferta. Fallaron sin embargo al no contar con el irascible Profesor James Joseph Sylvester... Era indispensable [en la Universidad] y él lo sabía... insistió en tener a la obviamente dotada joven mujer como alumna. Ladd fue admitida como estudiante a tiempo completo en 1878 (Riddle, 2016).

A pesar de este gran logro, Christine no fue tratada en ningún momento como una estudiante más. Si bien tenía una beca con dotación económica durante tres años, su caso siempre fue considerado como excepcional, de forma que su nombre jamás se imprimió en ningún documento oficial ni en ninguna lista de alumnos junto al de sus compañeros. Por otro lado, sólo tenía permitido acudir a las clases impartidas por Sylvester. El objetivo de la John Hopkins era el de no sentar precedente para que otras mujeres quisieran hacer lo mismo. Uno de los profesores más reputados y fundador de la institución llegó incluso a renunciar a su puesto al no estar de acuerdo con la admisión de Christine.

Figura 5: La John Hopkins University en el año 1876

Durante el primer año, Christine destacó notablemente. Siguió además escribiendo artículos para *The Analyst*. Tras este primer curso y a la vista de sus brillantes resultados, se le permitió comenzar a acudir a cursos impartidos por otros profesores como William Story y Charles

Peirce. Fueron los cursos de este último en Lógica los que más le interesaron, realizando su tesis en esta área. La publicó en 1883 bajo el nombre *The Algebra of Logic* (*El Álgebra de la Lógica*).

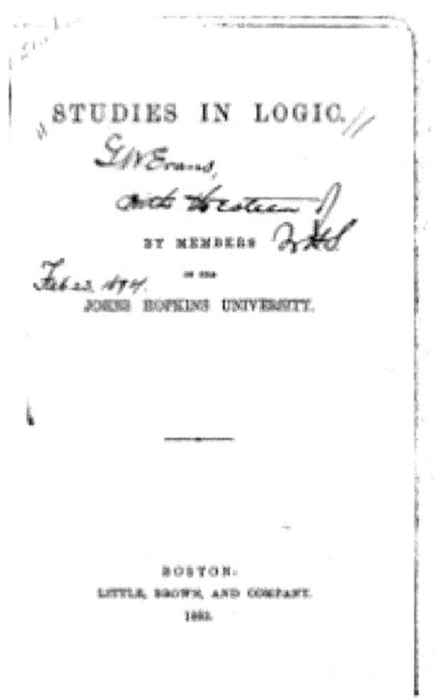

Figura 6: Portada de la *The Algebra of Logic*, publicada en 1883

En este punto conviene detenerse, ya que, al no ser considerada como alumna oficial en ningún momento, Christine publicó su disertación en 1883, pero en ningún momento se le otorgó el título de Doctora. Esto ocurriría finalmente en 1926, cuando la John Hopkins celebró el acto de su 50 aniversario, en el que, 43 años después, se le hizo entrega del título de Doctora en Matemáticas y Lógica (Christine tenía entonces 78 años). Se convirtió así en la primera mujer en doctorarse en esta área.

Sobre el final de sus estudios, en 1882, se casó con Fabian Franklin, matemático e ingeniero americano de origen húngaro, quien por aquel entonces era miembro del departamento de Matemáticas de la Universidad. Años después de su matrimonio, en 1918, Fabian comentaba:

> Sobre cómo mi mujer y yo nos interesamos el uno por el otro por primera vez, aunque parezca extraño, fue a través de una larga discusión que tuvimos en los escalones de uno de los edificios de la John Hopkins, donde estuvimos durante horas, debatiendo un asunto de lógica (Vassar Encyclopaedia, 2008).

Christine se casó a sabiendas de que esta decisión podía repercutir en su futuro como investigadora y docente en enseñanza superior, ya que las mujeres casadas tenían más difícil desempeñar su trabajo en estos puestos. El matrimonio tuvo dos hijos, un niño y una niña, de los cuales sólo la hija, Margaret Ladd-Franklin, sobrevivió. Margaret se convertiría en el futuro en una gran sufragista y luchadora por los derechos de la mujer.

Figura 7: El matemático Fabian Franklin, esposo de Christine

5. Primeras investigaciones

Una vez acabó sus estudios en la John Hopkins, Christine continuó trabajando en lógica simbólica, publicando sus resultados al mismo tiempo que empezó a interesarse por el área de la óptica fisiológica, más concretamente por la visión binocular y la visión del color. Este fue precisamente el comienzo de su interés por la lógica simbólica, que la llevaría a Alemania.

Christine viajó a Gotinga en 1891 para estudiar en el laboratorio del doctor Georg E. Müller, psicólogo experimental alemán, a pesar de que todavía se seguía sin ver bien la presencia de la mujer en un laboratorio de este tipo. Su marido pidió una excedencia de su puesto de trabajo en la John Hopkins para acompañarla.

Figura 8: El psicólogo alemán G. E. Müller

A fin de continuar con sus estudios, Christine fue a visitar la Universidad de Berlín para estudiar con el médico y físico alemán Hermann von Helmholtz. Esto fue un gran logro, ya que en las Universidades europeas las mujeres tampoco eran aún bienvenidas. Así, durante este tiempo aprendió Biología y Botánica, pudiendo ampliar sus conocimientos en Lógica. Profundizó además en estudios sobre la teoría de la visión del color, donde estudió las dos corrientes de la época: la teoría del propio Helmholtz y la del fisiólogo alemán Ewald Hering.

Figura 9: Christine Ladd-Franklin en su edad adulta

Todo lo aprendido, y en especial la inmersión en estas dos teorías, dieron como resultado la teoría por la que la figura de Christine Ladd-Franklin es conocida: la "Teoría de la Visión del Color". En ella critica y combina las teorías de Hering y Helmholtz con gran éxito. Su artículo se publicó en el año 1892 en el *Zeitschrift fur Psychologie*, una de las revistas científicas más importantes de la época.

Ese mismo año viajó a Londres para exponer sus resultados en el Segundo Congreso Internacional de Psicología, y tan sólo un año después todo su trabajo en esta área fue publicado en la prestigiosa revista *Science*.

6. Regreso a EE. UU. y años como docente

Christine y su marido regresaron a Estados Unidos en 1893. Fabian retomó su posición como docente e investigador en la John Hopkins University. Christine también solicitó una plaza en esta institución, pero su solicitud fue rechazada por ser mujer y además casada. Sin embargo, esto no la desalentó y siguió persistiendo en ello a lo largo de los años.

En el mismo año en el que el matrimonio regresó, Christine fue una de las dos primeras mujeres en ser elegidas para la American Psychological Association (APA), junto con la psicóloga y filósofa Mary Whiton Calkins, quien se convertiría posteriormente en la primera mujer en presidir esta asociación. Entre los años 1894 y 1925 Christine presentó 10 artículos en esta asociación, de la que fue miembro hasta su fallecimiento. A pesar de esto y por su fuerte carácter reivindicativo de los derechos de la mujer, a Christine no se le permitió formar parte de los comités más relevantes y destacados de la APA. Eso la llevó a publicar algunos artículos sobre las desigualdades entre hombres y mujeres en esta Academia.

Figura 10: Mary Whiton Calkins, primera mujer en presidir la APA

Estas convicciones de carácter feminista llevaron a Christine a enfrentarse con otros personajes de su época que no respetaban los derechos de las mujeres o no les ofrecían las mismas oportunidades que a los hombres. Tal fue su enfrentamiento con Edward Titchener, también psicólogo, quien presidía una sociedad de estudios experimentales (Society of Experimentalists) en la que sólo se admitía hombres. Christine le envió numerosas cartas a Titchener criticando esta conducta y llegó a enfrentarse con él públicamente, pues su intención era la de participar en algunas de las reuniones de esta asociación. En una de estas cartas le escribió:

> Estoy ansiosa por sacar a la luz mis ideas, por una vez, para una discusión mano a mano delante de expertos y justo ahora tengo un artículo que me gustaría mucho leer delante de [los miembros de] tu reunión de psicólogos experimentales. ¡Espero que no digas que no! (Furumoto and Scarborough, 1987).

Ante la negativa que recibió por respuesta, volvió a escribirle:

> Una reunión científica es un asunto público y no está abierto a usted dejar de lado a un tipo de compañeros con tan extrema descortesía (Furumoto and Scarborough, 1987).

Su esfuerzo finalmente tuvo resultado, ya que Christine consiguió ser la primera mujer en asistir a una reunión de esta sociedad y pronto se admitieron como miembros oficiales a las dos primeras mujeres, Margaret Floy Washburn y June Etta Downey, si bien esto ocurrió algún tiempo después del fallecimiento de Titchener.

Por otro lado, en 1901, Christine convenció al inventor del gramófono, Emile Berliner, para que instaurara una beca -bajo el nombre de la madre de él- destinada a mujeres que habían obtenido recientemente su doctorado, con el objetivo de que pudieran trabajar como profesoras. Así, Christine fue la encargada de administrar estas becas llamadas "Becas Sarah Berliner" desde su instauración, algo que hizo durante 17 años.

Además, también en 1901, comenzó a trabajar como editora asociada de Lógica y Filosofía en el Diccionario Baldwin de Filosofía y Psicología, puesto que mantuvo durante 5 años.

Fue en el año 1904 en el que, tras los numerosos y repetidos intentos, la John Hopkins University aceptó por fin otorgarle un puesto, impartiendo un curso de Filosofía cada año, hasta 1909, siendo ella la única mujer docente durante este tiempo. Solo fue hasta este año ya que en 1909 Fabian abandonó el ámbito científico para dedicarse al periodismo, y el matrimonio se mudó a Nueva York, donde Fabian había obtenido un puesto en el *New York Evening Post*.

Si ya era difícil que una mujer lograra una posición como profesora en una institución de este tipo, el hacerlo de forma remunerada era prácticamente imposible. Eso hizo que Christine desempeñara su trabajo sin percibir compensación económica alguna, lo que supuso un perjuicio para su familia. Sin embargo, para ella era importante realizar este tipo de actividades, ya que le permitían seguir en contacto con el mundo académico y poder continuar realizando contribuciones a los diferentes campos de estudio que le interesaban.

Por ello también desempeñó otros trabajos del mismo estilo, impartiendo algunos cursos en centros como la Universidad de Columbia, donde trabajó durante 15 años, desde 1914 a 1927. También fue docente en la Universidad de Clark y en la Harvard, impartiendo en esta última un curso en el año 1913, y, finalmente en la Universidad de Chicago, donde lo hizo en 1914. Apenas recibió un sueldo por ello, ya que se consideraba que este trabajo lo realizaba de forma voluntaria.

En 1919 fue elegida miembro de otra asociación, la *Optical Society of America* (OPA), siendo también una de las primeras mujeres en lograrlo. Fue también miembro hasta su fallecimiento, y durante este tiempo presentó 6 artículos y un par de comunicaciones en congresos.

Figura 11: Christine Ladd-Franklin en los últimos años de su vida

Christine siguió investigando y publicando artículos científicos durante los últimos años de su vida. En el año 1929 publicó su último trabajo *"Colour and Colour Theories"*, una recopilación de toda su investigación en teoría de la visión del color.

Christine Ladd-Franklin falleció de una neumonía el 5 de marzo de 1930 en su casa de Nueva York, con 92 años.

7. Méritos y reconocimientos

Actualmente Christine Ladd-Franklin es considerada pionera en muchos ámbitos. En el terreno científico, fue una de las primeras personas en adentrarse en el estudio de la lógica simbólica y su influencia en estudios posteriores ha sido ampliamente documentada. Por otro lado, su artículo más célebre acerca de la visión del color tuvo mucha repercusión en la época y su teoría fue aceptada durante muchos años.

Además de esto, Christine es reconocida también por su compromiso y su lucha por la igualdad y el acceso de las mujeres a áreas que hasta entonces les habían estado vetadas. Además de sus numerosos logros en este ámbito como llegar a ser docente, a doctorarse o conseguir ser miembro de una de las asociaciones más importantes de la época, Christine también se volcó en mostrar esto al mundo.

Así, a lo largo de toda su vida escribió en numerosas ocasiones acerca de la injusticia que observaba hacia las mujeres y llegó a hacerlo en periódicos tan relevantes como el *New York Times*.

Tras el fallecimiento de Christine, llegaron los reconocimientos. En un obituario publicado en la revista *Science* el psicólogo americano R. S. Woodworth escribió (1930):

> La carrera de la Dra. Christine Ladd-Franklin ... fue remarcable en numerosas maneras. Fue remarcable por la brillantez de sus logros. Su Teoría de la Visión del Color ... recoge los datos y hechos más importantes (O'Connor and Robertson, 2002).

Sus logros comenzaron a ser más reconocidos en la década de 1980, en especial su labor por los derechos de la mujer. La *Association for Women in Psychology* estableció en su honor el premio "Christine Ladd-Franklin" en 1982, galardón que se entrega anualmente a un miembro que haya realizado contribuciones relevantes a la asociación (Vaughn, 2010 y Cadwallader and Cadwallader, 1990).

8. Conclusiones

Christine Ladd-Franklin es un claro ejemplo de figura femenina que debe servir como referente. A lo largo de su vida se enfrentó y luchó contra las desigualdades de género a las que se veían expuestas las mujeres en general, y en particular aquellas que deseaban desempeñar una labor como científicas o docentes en universidades.

Así, a pesar de la época en la que vivió, logró completar sus estudios y acceder a la Universidad, donde pudo desarrollar sus teorías y contribuir de forma notable a los avances científicos de la época. Además, fue una de las primeras mujeres en ser miembro de asociaciones tan relevantes como la APA.

Por otro lado, nunca dejó de lado su carácter reivindicativo y defendió en todo momento y de forma pública la igualdad de oportunidades entre hombres y mujeres, llegando a escribir numerosos artículos en diversos periódicos sobre el tema.

Los autores de este artículo consideramos que rescatar y ampliar en la medida de lo posible las biografías ya existentes de mujeres como Christine Ladd-Franklin que han tenido un papel relevante tanto en la ciencia como en la lucha por los derechos de la mujer pero que por razones de género son desconocidas para la sociedad, es una forma de combatir la desigualdad y fomentar el reconocimiento del trabajo de la mujer en general y en el ámbito científico en particular.

Referencias bibliográficas

Cadwallader, J. V. and Cadwallader, T. C. (1990). Christine Ladd-Franklin (1847-1930). En A. N. O'Connell and N. F. Russo, Women in Psychology, a Bio-bibliographic Sourcebook (pp. 220-225). Nueva York: Greenwood Press.

Furumoto, L. (1992). Joining Separate Spheres: Christine Ladd-Franklin, woman scientist (1847-1930). American Psychologist. 42, 175-182. doi:10.1037//0003-066x.47.2.175.

Furumoto, L. and Scarborough, E. (1989) Untold Lives: The first generation of American Women Psychologists. Nueva York: Columbia University Press.

Green, J. (1987). Christine Ladd-Franklin (1847-1930). En C. T. Westport, Women of Mathematics: A Bibliographic Sourcebook (pp. 121-128). Nueva York: Greenwood Press.

Masegosa, F. (2015). Maria Mitchell: la primera astrónoma de la Edad Contemporánea. Granada: Información y Actualidad Astronómica. 46, 15. Recuperado de:

http://revista.iaa.es/sites/default/files/pdfs/revistaiaa-46-jun2015.pdf

O'Connor J. J. and Robertson, E. F. (Abril 2002). Biographies: Christine Ladd-Franklin. St. Andrews: University of St. Andrews School of Mathematics and Statistics. Recuperado de: http://www-groups.dcs.st-and.ac.uk/history/Biographies/Ladd-Franklin.html

Riddle, L. (2016). Christine Ladd-Franklin. Atlanta: Agnes Scott College. Recuperado de:

https://www.agnesscott.edu/lriddle/women/ladd.htm

Vassar Encyclopaedia. (2008). Christine Ladd-Franklin. Recuperado de: http://vcencyclopedia.vassar.edu/alumni/christine-ladd-franklin.html#Footnotes

Vaughn, K. (2010). Profile. Christine Ladd-Franklin. Psychology's Feminist Voices Multimedia Archive. Recuperado de:

http://www.feministvoices.com/christine-ladd-franklin/

Woodworth, R. S. (Marzo 1930). Christine Ladd-Franklin. Science. 71 (1838), 307.

CAPÍTULO V

VERDAD, PODER Y FAKE NEWS. UN ANÁLISIS FOUCAULTIANO SOBRE EL FENÓMENO DE LAS NOTICIAS FALSAS.

Irene Zapata Sánchez
Universidad Complutense de Madrid, España

Resumen

El trabajo consiste en un análisis del concepto de las fake news que se dan en la actualidad en la Comunicación Política de las sociedades occidentales, abordado desde los conceptos de poder y verdad del filósofo francés Michel Foucault.

La metodología empleada es la aplicación de la Teoría del Poder de Foucault -desarrollada a través de los conceptos de sistemas de poder y de regímenes de la verdad- al fenómeno de la Comunicación Política, y en concreto de las fake news.

El objetivo principal del trabajo es el de realizar un análisis en profundidad acerca del concepto de las fake news, observadas desde el prisma de los conceptos de poder y verdad en Foucault.

Un segundo objetivo consiste en la elaboración de una investigación que logre conectar entre sí las dos acepciones que en la actualidad tiene el concepto de fake news -las fake news como falsificación y las fake news como mentira-, enlazándolas en función de los conceptos de verdad y poder desarrollados por el filósofo francés. En este sentido, ambas significaciones hacen referencia a un análisis de este tipo de noticias en cuanto al concepto de verdad foucaultiano y su relación con el régimen de la verdad existente imperante en determinado sistema de poder. Por otra parte, cuando las fake news se analizan en relación al concepto de poder, podemos advertir una nueva clasificación: aquellas noticias que actúan como mecanismo de control -de mantenimiento del sistema de poder- y aquellas que lo hacen como mecanismo de resistencia -de transformación o abolición de dicho sistema-.

Palabras clave

Fake news, Foucault, poder, verdad, mentira.

1. Justificación del trabajo

Este texto consiste en un análisis del concepto de las fake news que se dan en la actualidad en la comunicación política de las sociedades occidentales, abordado desde los conceptos de poder y verdad del filósofo francés Michel Foucault.

Se trata pues de una investigación eminentemente teórica, en la que la base conceptual -los conceptos de Foucault- se encuadra en la Teoría Política y el objeto de estudio -las fake news- corresponde al campo de la Comunicación Política. Mi intención era aplicar los conceptos teóricos de la primera al ámbito de la Comunicación Política, en el que he tenido la suerte de poder trabajar desde diferentes ángulos -institucional, movimientos sociales-, si bien siempre de forma práctica. Uno de mis objetivos, que espero cumplir con este trabajo, era el de poder introducir la teoría de lo político en la práctica de lo comunicativo.

A través de este trabajo se pretende, por consiguiente, contribuir a generar un punto de contacto entre ambos campos -la Teoría Política y la Comunicación Política- con el fin de actualizar los postulados teóricos abordados en la investigación y de enriquecer mediante la teoría el objeto de estudio tratado.

2. Objetivos de la investigación

El objetivo principal de este trabajo es el de comprender en profundidad el fenómeno de las fake news en la actualidad, abordando las mismas desde las diferentes acepciones existentes. La investigación aspira a generar un concepto amplio del fenómeno que abarque tanto el concepto de fake news como falsificación como el de fake news como mentira y los enlace entre sí en función de los conceptos de verdad y poder desarrollados por Foucault. En este sentido, se trata de una aproximación original al fenómeno, puesto que la mayoría de la literatura existente trata ambas acepciones de manera independiente.

Asimismo, la realización de este trabajo tiene como finalidad la aplicación de la metodología teórica foucaultiana a un fenómeno de actualidad como lo son las fake news, con el objetivo de testar su actualidad y validez teórica en contextos diferentes a los estudiados por el francés en sus obras.

Un último objetivo sería el de generar un punto de contacto entre las disciplinas en las que se mueve la investigación: la Comunicación Política y la Teoría Política.

3. Metodología y fuentes

La metodología empleada en el trabajo es la aplicación de la Teoría del Poder de Foucault -desarrollada a través de los conceptos de sistemas de poder y de regímenes de la verdad- al fenómeno de la Comunicación Política, y en concreto de las fake news, en el contexto de las sociedades democráticas occidentales de la actualidad.

Para ello, las fuentes empleadas han sido tanto primarias como secundarias. En el caso del apartado acerca de los conceptos de Foucault, las fuentes primarias fueron una selección de textos escritos por el francés que abordaba las nociones de verdad y poder, mientras que las fuentes secundarias se compusieron por libros y artículos académicos cuyo objeto de estudio era el pensamiento foucaultiano.

Con respecto al apartado dedicado a las fake news, las fuentes primarias empleadas han sido un conjunto de noticias -tanto en formato escrito como audiovisual- en las cuales se apoya la investigación, mientras que las fuentes secundarias han sido una selección de libros y de artículos de investigación cuyo objeto de estudio era el fenómeno de las fake news, abordado desde sus diferentes acepciones.

4. El concepto de poder en Foucault

En este punto abordaré algunas de las características más relevantes del concepto de poder en el autor y los postulados previos acerca de la noción a los que Foucault se ha opuesto.

4.1. Características del poder en Foucault

La definición nuclear en torno a la cual Foucault desarrollará los diferentes aspectos y características del concepto del poder es que este es una relación de fuerzas, que "toda relación de fuerzas es poder, y el poder consiste únicamente en una relación de fuerzas" (Deleuze, 2014: 35), tal como dice Deleuze en relación al concepto de poder desarrollado por su colega académico.

Además, Foucault añade los siguientes postulados acerca del concepto (Foucault, 1981):

- No se puede estar nunca "fuera" del poder, no queriendo esto decir que se esté atrapado en él de cualquier manera.

- El poder es coextensivo a la sociedad, no habiendo huecos entre las mallas de su red.

- Las relaciones de poder se encuentran presentes en todos los tipos de relaciones (de producción, sexualidad, familia, etc.), ejerciendo al mismo tiempo un papel de condicionante y de condicionado.

- Estas tienen formas múltiples, no obedeciendo a una única forma de prohibición o castigo.

- Los procedimientos locales de poder son reajustados, reforzados y transformados por estrategias de poder globales, siendo una producción multiforme de relaciones de dominación.

- Las relaciones de poder "sirven" no porque estén "al servicio de algo o alguien" sino porque sus estrategias pueden ser utilizadas.

- No hay relaciones de poder sin resistencias, como afirma el filósofo:

> "Desde el momento mismo en que se da una relación de poder, existe una posibilidad de resistencia. Nunca nos vemos pillados por el poder: siempre es posible modificar su dominio en condiciones determinadas y según una estrategia precisa" (Foucault, 1981: 208-209).

Estas resistencias serán más eficaces y potentes cuando se generen en el lugar en el que se ejercen las relaciones de poder. Esto significa que la resistencia no debe -no puede- venir del "afuera" del poder, ni siquiera desde otro lugar de la red de ese sistema de poder, sino que existe en la medida en que se encuentra allí donde está el poder.

Podemos concluir entonces que el poder es heterogéneo en sus formas, no pudiendo hablar de un poder sino de los diferentes poderes, localizándolos en sus especificidades históricas y geográficas (Foucault, 2014).

4.2. Ruptura con los postulados previos

La noción del poder en el filósofo francés supone un cisma respecto a algunos de los principales postulados que mantenían los discursos más tradicionales acerca del poder, en los que se había basado este concepto hasta el momento. Deleuze destaca cinco de ellos respecto de los cuales Foucault renuncia metodológicamente (Morey, 2001):

- Postulado de la propiedad: según el cual el poder es algo que posee la clase dominante. No obstante, el autor defiende que el poder no se tiene, sino que se ejerce. No se concibe por consiguiente como propiedad sino en tanto estrategia, no siendo sus efectos atribuibles a una apropiación sino a dispositivos de funcionamiento que tienen lugar en una sociedad y tiempo determinados. La principal consecuencia de esto es la característica forma de red en la que el poder va a estructurarse según el filósofo francés, debido a la multiplicidad de focos de este. Se crea, por tanto, "una red de relaciones siempre tensas, siempre en actividad, más que un privilegio que se podría detentar" (Foucault, 2012: 36). Lo que prima por lo tanto en la concepción del poder del autor es la dispersión de sus elementos y la ausencia de un centro definido de poder (Landau, 2006), lo que denominamos como microfísica del poder.

-   Postulado de la localización: sostiene que el poder debe entenderse como poder del Estado. Foucault argumenta frente a esto que el Estado no es el lugar privilegiado en el que encontramos el poder, sino que goza del mismo como resultado de un efecto conjunto, de una estructuración de este en forma de red que se debe a la microfísica del poder.

-   Postulado de la subordinación: afirma que el poder encarnado en el Estado está subordinado a la infraestructura correspondiente al modo de producción. Foucault considera que este modo de entender el sistema, según el cual el mismo se compone de infraestructura, estructura y superestructura, genera una jerarquía que relega al poder a ser una subordinación de la estructura económica, si bien toda economía tiene insertos mecanismos de poder en la misma, no resultando conveniente su división en segmentos separados de análisis.

-   Postulado del modo de acción: en función del cual el poder actúa mediante mecanismos de represión e ideología. El autor defiende que estos mecanismos representan exclusivamente las formas más extremas del poder. Sin embargo, este no puede ser obedecido si sus únicas herramientas son la coerción y la exclusión, por lo que se necesita de una concepción positiva del mismo, generadora, creadora de orden. El poder produce lo real y lo normal, la normalidad y las reglas por las que se rigen las sociedades. Este nuevo foco de atención en la norma hace énfasis en la diferenciación de este concepto con el de las leyes, siendo su principal distinción el carácter positivo, generador, de la primera frente al negativo, impositivo, de la segunda.

-   Postulado de la legalidad: enuncia que el poder del Estado se expresa por medio de la ley. Debe manejarse otra concepción de ley: frente a la ley que delimita claramente dos estados -lo legal y lo ilegal-, la ley como mecanismo de gestión de las ilegalidades. No se considera por lo tanto el ilegalismo como un fallo del sistema, sino como un elemento positivo para el funcionamiento social, estableciéndose por el dispositivo judicial espacios en los que poder ignorar la ley o incluso violarla, mientras que la vulneración de otros conlleva una sanción. Foucault no considera que la ley esté hecha para impedir determinados comportamientos, sino para establecer un sistema que diferencia entre las diversas maneras de transgredir la ley.

5. El concepto de verdad en Foucault

En este apartado abordaré el concepto de la verdad en Foucault y la relación entre el poder y la verdad para el autor.

5.1. El concepto de verdad

Para Foucault lo Real -como concepto filosófico- no existe en sí mismo, sino que existen diferentes interpretaciones de ello, y estas interpretaciones son producidas en el marco de un sistema de poder determinado (Morey, 2001). El saber y la verdad, en consecuencia, atienden al mismo esquema, estando estrechamente relacionados con el poder.

Eludiendo el relativismo que baña al concepto de verdad, el autor prefiere centrar su atención en los efectos que producen las prácticas discursivas que son atravesadas por la condición de verdad, es decir, aquellas que se consideran verdaderas en un sistema de poder y tiempo determinados. Es por ello por lo que pone el foco en los efectos producidos en la sociedad por los campos de la psiquiatría, la sexología, la criminología, etc., en tanto que discursos de verdad, en lugar de estudiarlos en base a su "verdad o falsedad", su acientificidad, su sesgo ideológico.

En el contexto social que le tocó vivir al autor -bastante similar en este aspecto al de las sociedades occidentales en la actualidad-, este identificó cinco rasgos históricamente relevantes acerca de la verdad (Foucault, 1980):

- La verdad se centra en la forma del discurso científico y las instituciones que lo producen.

- La verdad está sujeta al constante devenir político y económico.

- Es el objeto, bajo diversas formas, de una inmensa difusión y consumo, circulando a través de los aparatos de educación e información, extendidos ampliamente en el cuerpo social.

- Es producida y transmitida bajo la supervisión de unos pocos grandes aparatos políticos y económicos -como la universidad, los medios de comunicación o el ejército-.

- Es objeto constante de debate político y confrontación social, estando en la raíz de las luchas ideológicas.

La verdad, por tanto, queda definida no como

> "'el conjunto de verdades que están por ser descubiertas y aceptadas', sino 'el conjunto de reglas de acuerdo a las cuales lo verdadero y lo falso están separados y hay efectos específicos del poder asociados a lo verdadero'" (Foucault, 1980: 132),

por lo cual lo que se pone en relieve es el estatuto de la verdad y el papel político y económico que juega.

El régimen de la verdad

La verdad está ligada a un determinado sistema de poder que la produce y sostiene, lo que el autor llama un "régimen de la verdad" (Foucault, 1980). Estos regímenes de la verdad están ligados a los regímenes políticos, jurídicos, etc., y están presentes en cada ámbito de conocimiento de la sociedad. El régimen de la locura, por poner un ejemplo, estaría considerado al mismo tiempo como un régimen de la verdad en un contexto determinado.

Cada sociedad tiene un régimen de la verdad propio, que englobaría los tipos de discurso que esa sociedad acepta y hace funcionar como verdaderos, los mecanismos por los que sus miembros son capaces de distinguir lo verdadero de lo falso -y por lo tanto qué es lo sancionable y lo que no-, las técnicas y procedimientos mediante los cuales se puede acceder a la "verdad" -un ejemplo sería el método científico, aceptado en la sociedad occidental actual- y el estatus de quienes están a cargo de decir lo que funciona como verdadero (Foucault, 1980).

5.2. La relación entre el poder y la verdad

Como ya se ha explicado en el punto anterior, "el poder produce lo Real" (Foucault, 1981: 14), por lo que el saber y la verdad -lo que se conoce en un sistema de saber como verdadero- quedan determinados por el mismo sistema de poder. En palabras del autor:

> "Hay que admitir más bien que el poder produce saber (y no simplemente favoreciéndolo porque le sirva o aplicándolo porque sea útil); que poder y saber se implican directamente el uno al otro; que no

existe relación de poder sin constitución correlativa de un campo de saber, ni de saber que no suponga y no constituya al mismo tiempo relaciones de poder" (Foucault, 2012: 37).

Por lo tanto, no sería la actividad de los sujetos la que produce conocimiento, la que produce saber, sino que esta producción está asociada a los procesos internos del propio sistema de poder establecido.

En cuanto a la relación que tiene la verdad con el poder, entendiendo en esta ocasión poder como arte de gobierno, Foucault enuncia diferentes maneras en las que ambas nociones se vinculan (Álvarez Yagüe, 2017):

- Principio Botero: desarrollado por este autor en los siglos XVI y XVII. Según este, la verdad se hace indispensable para el gobierno, pero no se espera que sea la sabiduría del propio gobernante la que cubra esta necesidad, sino que se requiere de la sabiduría del propio Estado, fundada racionalmente; lo que en la actualidad se conoce como razón de Estado.

- Principio Quesnay: se trata de un planteamiento utópico desarrollado en el siglo XVIII que propone un gobierno que aprehendiese el funcionamiento del sistema económico de tal forma que sus súbditos vieran las acciones del mismo como verdaderas y aceptables, en el límite de lo innecesario, puesto que todo el mundo conocería las reglas del sistema y se comportaría en función a ellas.

- Principio Saint-Simon: enunciado en el siglo XIX. Defiende que, dado que se requiere un conocimiento real de la naturaleza de las cosas para gobernar de manera verdadera, es necesario contar con un abanico de expertos especializados en los diferentes campos para conformar un conocimiento político global.

- Principio Rosa Luxemburgo: supone una inversión del Principio Quesnay, sosteniendo la incompatibilidad de la verdad con el gobierno, de modo que el conocimiento por parte de la gente del funcionamiento de este desembocaría en una revolución y en la caída del mismo.

- Principio Solzhenitsyn: también llamado principio del terror, y que supone una inversión de la inversión -una inversión del principio anterior- al afirmar que la verdad es revolucionaria. Que la gente conozca la verdad de lo que sucede en el gobierno actúa como paralizante y hace que se resigne y no actúe, en contraposición con el caso anterior.

Como puede observarse, el poder establecido ha tenido diferentes maneras de abordar la verdad y la mentira a la hora de trasladarla a sus súbditos. En diferentes contextos históricos, el poder ha confiado en las bondades de comunicar mediante la mentira o mediante la verdad, en función de la naturaleza de ese propio sistema de poder. Esta aceptación e impulso por parte del poder de la mentira en el discurso público -en el cual estarían incluidos los medios de comunicación en la actualidad- se enlazará más adelante con el fenómeno de las fake news.

6. Las fake news

En este apartado abordaré la problemática de la no-verdad en el discurso público y sus diferentes formatos, para posteriormente centrarme en uno de ellos: las fake news.

En el análisis de las mismas, realizaré una aproximación tanto desde el concepto de verdad como desde el de poder enunciados por Foucault y recogidos en el apartado anterior, para posteriormente tratar de establecer una relación entre las diferentes concepciones de las fake news que pueda esclarecer de qué modo se relacionan con el régimen de la verdad y el sistema de poder establecidos en las sociedades occidentales de la actualidad.

6.1. La no-verdad en el discurso público

Como vimos anteriormente, el poder, entendido como arte de gobierno, puede relacionarse con la verdad de diferentes maneras. Si bien no podríamos generalizar una tendencia en la actualidad, puesto que cada gobierno sigue una estrategia en cuanto a la comunicación de sus verdades, sí podemos advertir una alarmante presencia del principio Rosa Luxemburgo en algunos gobiernos relevantes del mundo occidental -como veremos más adelante-. De este modo, se convierte en uno de los aspectos más preocupantes del mundo actual:

> "La tendencia del poder, de los poderes políticos o económicos, a difundir un relato contrario a las evidencias y a las pruebas cuando hay intereses particulares o patrimoniales que defender o cuando alguno de sus representantes se ve acusado de latrocinio" (Serna, 2017: 102).

Sin embargo, la no-verdad en el discurso público no deriva inevitablemente en la mentira. Si bien esta es una opción comunicativa muy empleada -como en el caso del 11M-, nos encontramos con otras formas de comunicar:

- La posverdad, que fue elegida la palabra del año 2016 por el Diccionario del Inglés de Oxford, y queda definida en el mismo como la situación en la que "los hechos objetivos son menos determinantes que la apelación a la emoción o a las creencias personales en el modelaje de la opinión pública" (Rodríguez Ferrándiz, 2018: 23). En contraposición, el concepto se introdujo en diciembre de 2017 en el Diccionario de la Real Academia Española, que lo define como la "distorsión deliberada de una realidad, que manipula creencias y emociones con el fin de influir en la opinión pública y en actitudes sociales" (Rodríguez Ferrándiz, 2018: 24-25). Es relevante el matiz entre ambas definiciones, puesto que la primera sugiere que "es la situación la que genera una corriente de emoción que, sin duda encauzada por instancias que no se precisan, puede sobreponerse a la evidencia de los hechos" (Rodríguez Ferrándiz, 2018: 25), mientras que en la segunda se dice que los hechos son manipulados intencionadamente con el objetivo de favorecer ciertas emociones, creando de este modo una equivalencia entre el término "posverdad" y el concepto de "propaganda", tan empleado durante el siglo pasado.

- La falsificación, cuyo mecanismo estrella son las fake news, tratadas más adelante.

- La evasión, que, explicada según Serna (2017), consistiría en la estrategia de no negar defensivamente una acusación sino adoptar un contraataque narrativo, elaborando un discurso coherente que exalte las partes verdaderas de la historia y tape o disimule los detalles imputables.

6.2. Las fake news

En este apartado abordaré el fenómeno de las fake news en función de su relación con los conceptos de verdad y poder de Foucault estudiados anteriormente.

6.2.1. Las fake news y la verdad

Las fake news se caracterizan por ser noticias que no se ajustan al régimen de la verdad instaurado en un determinado sistema de poder. Sin embargo, como ya hemos visto, hay diferentes maneras de comunicar la no-verdad en el discurso público. Las fake news se dan en los ámbitos de la falsificación y la mentira, como veremos a continuación.

Las fake news como falsificación

La falsificación en el discurso público queda ejemplificada mediante las fake news. Mientras que

> "la mentira es un embuste deliberado, [...] la falsedad del fake y de lo ficticio es de otra índole. Se siembran miguitas de pan, se dejan deliberadamente huellas, se advierte de la operación y se advierten las pruebas. Lo falso en el fake y en la ficción sirve para activar al destinatario, para hacerle consciente de los mecanismos del embuste o para hacerle disfrutar con las invenciones y las fábulas que nos dan más vida" (Serna, 2017: 101).

En este sentido, las fake news no serían algo negativo sino una herramienta mediante la cual repensar la realidad y lo que se nos cuenta como verdadero, un mecanismo a través del cual se pone en tela de juicio el sistema de poder que define qué es verdad y qué no en un determinado contexto, haciendo visible que dependiendo del sistema de poder instaurado existen diferentes regímenes de la verdad, tal como postulaba Foucault. No se trata por tanto de hacer pasar una noticia por verdadera, sino de que esta logre hacer reflexionar sobre la verdad.

Un ejemplo paradigmático de ello sería el episodio de Salvados acerca del 23F (Atresplayer, 2014), en el que se presentaba como cierta la "Operación Palace", una narrativa sobre los hechos acontecidos durante el fallido golpe de Estado que implicaba en el mismo al rey emérito. Tras el programa, la información expuesta se confirmaba como falsa, aspirando así a generar un debate acerca de los pocos datos que sostenían la versión oficial de lo ocurrido, lo cual había permitido hacer creer a los espectadores la veracidad de la teoría expuesta en el programa.

Otro ejemplo sería el que se dio durante la campaña a las elecciones generales españolas de 2008. En este caso, Izquierda Unida difundió a través de un periódico online falso (Redacción, 2008) un debate virtual con los candidatos al gobierno del PP y PSOE en una noticia en la que los guiños a la falsedad de la noticia la hacían entrar en la ambigüedad que caracteriza a esta técnica. De este modo, el partido no pretendía hacer creer que dicho debate había tenido lugar, sino poner sobre la mesa el hecho de que a la formación no se la invitara a los debates televisivos entre candidatos presidenciales, denunciándolo en un formato de protesta posmoderna y performance online.

Cabe destacar que en este apartado se incluyen también las fake news humorísticas, que, sin pretender ser percibidas como verdaderas, juegan a crear escenarios posibles que resulten humorísticos, a veces sin una pretensión tan clara como en el caso anterior de hacer reflexionar sobre el régimen de verdad.

Un ejemplo de ello serían las noticias de El Mundo Today, que, con titulares como "Europa decide eliminar el cambio de hora, fijándola a las dos y cuarto" (Puig, 2018a) o "Rivera y Arrimadas arrancan independentistas con sus propias manos en un pueblo de Barcelona" (Puig, 2018b) hacen reflexionar sobre la realidad desde un punto de vista cómico, siempre siguiendo un estilo periodístico que emula al de las noticias "verdaderas".

Las fake news como mentira

En los últimos tiempos ha surgido otra acepción para el término fake news, que no haría referencia al concepto de falsificación sino al de mentira. De este modo, las fake news también serían "informaciones falsas diseñadas para hacerse pasar por noticias con el objetivo de difundir un engaño o una desinformación deliberada para obtener un fin político o financiero" (Amorós Garcia, 2018: 35).

Este significado del término sí estaría enlazado con una concepción negativa de las fake news, siendo estas las noticias que ponen en peligro el ejercicio del periodismo y, en última instancia, el buen funcionamiento de un sistema democrático -como se ha comentado anteriormente-. Es sobre esta definición sobre la que existe un mayor número de literatura, puesto que se trata de un fenómeno alarmantemente extendido en la actualidad.

Mientras en el caso de las fake news que actúan en el discurso de la falsificación el objetivo de las mismas era reflexionar sobre el régimen de la verdad, en esta ocasión encontramos que quien está detrás de ellas busca dos posibles finalidades (Amorós Garcia, 2018):

- Intereses económicos: la meta es lucrarse con la noticia, sin importar el daño que esta pueda ocasionar a la sociedad.

- Intereses ideológicos: el objetivo es manipular la opinión pública con la intención de enfocar el pensamiento y la acción de la gente hacia una u otra dirección.

Uno de los primeros ejemplos de las fake news que persiguen intereses económicos se dio hace más de un siglo, en 1898, a través de los periódicos. En este contexto, centramos la atención en Estados Unidos, donde Joseph Pulitzer y William Randolph Hearst luchan por erigirse como magnates de la prensa. Para los medios de comunicación de ambos, el conflicto cubano-español que se estaba dando en la isla caribeña con motivo de la posible independencia de la misma con respecto a la metrópoli peninsular, era una oportunidad para aumentar sus ventas. Dada esta situación, Hearst decidió avivar la imagen que desde Estados Unidos se tenía del conflicto -hasta el momento, relativamente calmado- publicando en uno de sus periódicos, el New York Journal, una noticia en la que culpaba a España de la explosión del acorazado estadounidense Maine en el puerto de La Habana, que en realidad habría ocurrido como resultado de un incendio en las carboneras. El resultado de la publicación de esta noticia, además de la generación de una buena cantidad de ingresos para Hearst, fue la agitación de la opinión pública estadounidense de tal manera que el gobierno se vio obligado a actuar y a declarar la guerra a España, iniciándose una contienda que duraría hasta agosto de ese año y desembocaría en la pérdida de la colonia de Cuba para la metrópoli europea. De este modo, el objetivo financiero de Hearst provocó una reacción política que llevaría a su país a la guerra (Amorós Garcia, 2018).

En cuanto a las fake news con intereses ideológicos, podemos destacar el caso de la campaña electoral de Trump a la presidencia de Estados Unidos en 2016. Si bien la elección estuvo plagada de noticias falsas que beneficiaban al candidato republicano, fue la noticia sobre el asesinato de Seth Rich, un joven miembro del Comité Nacional Demócrata, una de las que mayor impacto generó en la opinión pública estadounidense (Gaughan, 2017). En ella se alegaba que el demócrata -que según la policía habría muerto como resultado de un robo aleatorio- había sido asesinado por miembros de su propio partido con el objetivo de prevenir que testificara contra Clinton en la investigación del FBI acerca de su polémica implicación en el caso de los emails. La noticia tuvo tal repercusión que Wikileaks, primero, y los medios de comunicación tradicionales, después, se hicieron eco de la misma, generando un daño considerable a la imagen de la candidata demócrata a la presidencia.

Por último, el ejemplo citado al comienzo de este apartado sobre los atentados del 11M en Madrid y la comunicación de los mismos por parte del gobierno del PP, que atribuyó la autoría a ETA en lugar de a Al Qaeda (3diasdemarzo, 2006), también entraría en este tipo de fake news con intereses ideológicos.

6.2.2. Las fake news y el poder

Desde el siglo XVIII, pero especialmente desde los siglos XIX y XX, los medios de comunicación de masas han sustituido a las Iglesias -a los discursos de las religiones, en general- como fuente de las narrativas hegemónicas en el contexto de las sociedades occidentales (Elías, 2018).

Narrativas hegemónicas que, en el ámbito de lo político, podemos denominar como propaganda.

No obstante, como ya vimos anteriormente, allí donde hay poder se genera una resistencia, y esta puede tomar muy diversas formas. La propuesta teórica de este trabajo plantea que lo mismo es aplicable al fenómeno de las fake news, puesto que, dependiendo de las características de las mismas, estas pueden operar como mecanismo de control del propio sistema de poder o como mecanismo de resistencia hacia el mismo, es decir, para mantener el sistema de poder establecido o para transformar dicho sistema.

Las fake news como mecanismo de control

Si bien la propaganda es una estrategia que viene de lejos, el desarrollo de los medios de comunicación de masas -prensa, radio y televisión- en el siglo XX y el contexto de las Guerras Mundiales hicieron de ella un arma comunicativa esencial para aquellos que ejercían el poder. La llegada del siglo XXI y el desarrollo de internet y las nuevas tecnologías han supuesto un nuevo campo de acción para esta estrategia, que podemos encontrar habitualmente disfrazada de "información verídica" (Menéndez, 2018).

Es en ella donde se encuadran las fake news que actúan como mecanismo de control, aquellas que ayudan al mantenimiento de un determinado sistema de poder mediante su régimen de la verdad. Este tipo de noticias responden además en muchas ocasiones a los intereses ideológicos que mencionaba en el punto 5.2.1.2.

Ejemplo de ello sería el caso de la comunicación de los atentados del 11M por parte del gobierno del Partido Popular (3diasdemarzo, 2006), que buscaba azuzar la idea de un enemigo interno -al tiempo que descargar su responsabilidad de la implicación del país en la Guerra de Irak, alegato que posteriormente reivindicó Al Qaeda como motivo de los atentados- con el objetivo de permanecer en el gobierno a escasos días de las elecciones generales.

Por otro lado, también se considera en esta categoría el encuadre elegido por los gobiernos estadounidense y británico con el objetivo de comenzar dicha Guerra de Irak en 2002, proclamando que existían armas de destrucción masiva en el país -afirmación que más tarde se demostraría falsa-. La finalidad en este caso sería la de mantener el status quo del mundo occidental, en el cual estos gobiernos ejercían un poder considerable, frente a la amenaza de un posible contrapoder ejercido en la zona de Oriente Medio por el gobierno iraquí de Saddam Hussein gracias a los depósitos petrolíferos del país. Tanto en este ejemplo como en el anterior, los artífices de las fake news fueron los gobiernos de España, Estados Unidos y Reino Unido, respectivamente.

Para analizar un caso en el que el autor de la noticia sea un medio de comunicación, vuelvo a remitirme al contexto posterior a los atentados del 11M. En 2006, el diario El Mundo, de ideología afín al PP, publicaba una noticia bajo el titular "La furgoneta del 11-M tenía una tarjeta del Grupo Mondragón en el salpicadero" (Múgica, 2006). En ella se afirmaba que

> "Los primeros policías que llegaron hasta la furgoneta Renault Kangoo, la que se encontraba en la mañana del 11-M junto a la estación de tren de Alcalá de Henares, observaron algo en su interior que les llamó la atención. [...] En la tarjeta podía leerse con claridad las palabras Grupo Mondragón. Tenía un número de teléfono fijo cuyo prefijo también llevaba al norte. [...] para los policías que habían trabajado en la lucha contra ETA, gentes cercanas a empresas del Grupo Mondragón estaban situadas en el entorno del mundo abertzale" (Múgica, 2006).

La intención era evidente: respaldar la versión del Partido Popular sobre la autoría de los atentados de marzo de ese año. Sin embargo, la información proporcionada por el medio era falsa: lo que realmente se encontró en el interior de la furgoneta fue una cinta de casete de la Orquesta Mondragón y una tarjeta de visita de Gráficas Bilbaínas, una empresa madrileña (Amorós Garcia, 2018).

Como podemos observar, las fake news que operan para mantener el status quo del sistema de poder existente no provienen únicamente de los medios de comunicación, sino también de los propios gobiernos.

Las fake news como mecanismo de resistencia

En contraposición, como ya vimos en el apartado 3.1, allí donde se da una relación de poder se genera una resistencia, cuyo objetivo será transformar o abolir dicho sistema de poder. En el caso que nos ocupa, las fake news abordarían esta tarea mediante la problematización del régimen de la verdad instaurado, que en última instancia haría reflexionar acerca del sistema de poder.

Un ejemplo es la ya citada noticia sobre el debate entre Llamazares, Zapatero y Rajoy durante la campaña electoral de las elecciones generales de 2008 (Redacción, 2008), que denuncia la inexistencia -hasta ese momento, más adelante la situación cambiaría con la irrupción de Podemos y Ciudadanos en el panorama político nacional- de debates entre candidatos más allá de los partidos del bipartidismo. De este modo, los candidatos del PP y PSOE serían los únicos percibidos por la ciudadanía como los posibles ganadores, desterrando a los demás representantes de los partidos -en este caso a Llamazares, de Izquierda Unida- a un papel secundario en las elecciones. Lo que se buscaba en este caso era reflexionar sobre el sistema político bipartidista que se daba en esa época en España con el objetivo de generar un desequilibrio en el status quo que permitiera a Izquierda Unida -y a otros partidos- romper con el sistema de poder establecido para poder formar parte activa de la generación de uno nuevo.

El segundo ejemplo tiene como soporte un medio de comunicación con mucha mayor proyección que en el caso anterior, el canal de televisión de La Sexta, que emitió el programa "Operación Palace" (Atresplayer, 2014) -ya citado anteriormente- en horario de máxima audiencia. En esta ocasión, la repercusión del contenido fue mucho mayor, logrando generar un debate social del que se hicieron eco otros medios de comunicación y que ponía en cuestión el régimen de la verdad generado por el sistema político fundado tras la muerte de Franco, la posterior transición democrática y la implicación del rey emérito en el fallido golpe de Estado del 23F.

6.2.3. La relación entre el poder y la verdad en las fake news

Como vimos en el apartado 4.2, verdad y poder -entendiendo poder como forma de gobierno en este caso- pueden relacionarse entre sí de diferentes maneras según Foucault (Álvarez Yagüe, 2017). En el caso de las fake news, vemos que el principio que predomina de los cinco que enuncia el filósofo francés es el de Rosa Luxemburgo. Según este, la verdad sería incompatible con el gobierno, puesto que el conocimiento de la misma por parte de la gente supondría una respuesta por parte de esta que haría caer al gobierno.

De este modo, se relacionarían las fake news como discurso de la mentira -puesto que las fake news como falsificación, si bien no son verdad sí hacen reflexionar sobre el régimen de la misma-, en el ámbito que relaciona a las mismas con la verdad, con las fake news como mecanismo de control, de mantenimiento del sistema de poder existente, en el ámbito que relaciona a estas noticias con el poder.

El ejemplo más claro a este respecto sería el de la comunicación de la autoría de los atentados del 11M. El Partido Popular era consciente de que la verdad haría caer su gobierno, no le permitiría seguir ejerciendo el poder estatal, de modo que optó por una comunicación mediante la mentira -esta sería la aplicación del principio Rosa Luxemburgo-. Cuando días después la ciudadanía supo la autoría real de los atentados, se movilizó de tal manera en las calles y en las urnas que la situación desembocó en la caída del PP en las siguientes elecciones generales y la ascensión del PSOE al gobierno, confirmando de este modo la validez del principio.

En contraposición, siguiendo la línea teórica enunciada por Rosa Luxemburgo, la resistencia al sistema de poder establecido debería comunicar mediante la no-mentira -que sería aquella que mantiene al poder en su lugar-, es decir, mediante la verdad o mediante las fake news como falsificación, que a fin de cuentas hacen reflexionar sobre el régimen de la verdad.

No es coincidencia que los ejemplos sobre el ficticio debate presidencial con Llamazares y el episodio de Salvados dedicado al fallido golpe de Estado del 23F hayan servido de ejemplo tanto para el apartado 5.2.1.1 como para el 5.2.2.2 de este apartado. De este modo, las fake news como falsificación quedan determinadas como el tipo de noticia mediante el cual generar una resistencia al poder establecido.

Podemos por lo tanto establecer una relación entre las dos categorías de fake news en cuanto al concepto de verdad en Foucault -las fake news como falsificación y como mentira- con sendas categorías de fake news en cuanto al concepto de poder foucaultiano -fake news como mecanismo de resistencia y de control del sistema de poder, respectivamente-, al menos en el caso de las sociedades occidentales de la actualidad, en las que me he focalizado en este apartado.

7. Conclusiones

El objetivo principal de esta investigación era el de realizar un análisis en profundidad acerca del concepto de las fake news, observadas desde el prisma de los conceptos de poder y verdad en Foucault. Este primer objetivo se desarrolla a lo largo del apartado 5, habiendo constituido el cuerpo central del trabajo.

Un segundo objetivo consistía en la elaboración de una investigación que lograra conectar entre sí las dos acepciones que en la actualidad tiene el concepto de fake news -las fake news como falsificación y las fake news como mentira-, enlazándolas en función de los conceptos de verdad y poder desarrollados por el filósofo francés. En este sentido, ambas significaciones hacen referencia a un análisis de este tipo de noticias en cuanto al concepto de verdad foucaultiano y su relación con el régimen de la verdad existente imperante en determinado sistema de poder. Por otra parte, cuando las fake news se analizan en relación al concepto de poder, podemos advertir una nueva clasificación: aquellas noticias que actúan como mecanismo de control -de mantenimiento del sistema de poder- y aquellas que lo hacen como mecanismo de resistencia -de transformación o abolición de dicho sistema-.

Además, el contexto analizado -las sociedades democráticas occidentales de la actualidad- se muestra como tendente a cumplir el principio de Rosa Luxemburgo, aquel que sostiene la incompatibilidad del poder -entendido en este caso como arte de gobierno- y la verdad. Es por ello, que para los casos analizados se advierte una relación entre las fake news como mentira y como mecanismo de control, por un lado, y entre las fake news como falsificación y como mecanismo de resistencia, por el otro.

Por último, el objetivo mencionado en el primer apartado acerca de la comprobación de la vigencia de los postulados teóricos de Foucault, si bien queda demostrado para el caso de las fake news, parece haber quedado fuera del alcance de mi trabajo a un nivel más general, desviándose de la temática principal y resultando una materia demasiado extensa como para ser tratada en una memoria de estas proporciones.

Si algo me queda por añadir, es mi voluntad y la pertinencia de continuar esta línea de investigación hacia el área que ha quedado sin abarcar en este trabajo, la referente a la vigencia de los postulados foucaultianos y su posibilidad de aplicación para otras materias características de nuestra época que el autor francés del siglo XX no pudo observar en vida.

Referencias bibliográficas

Álvarez Yagüe, J. (2017). Introducción. En Foucault, M., La parresía (pp. 23-92). Madrid: Biblioteca Nueva.

Amorós Garcia, M. (2018). Fake news. La verdad de las noticias falsas. Barcelona: Plataforma Actual.

Deleuze, G. (2014). Michel Foucault y el poder. Viajes iniciáticos I. Madrid: Errata Naturae.

Elías, C. (2018). Fake news, poder y periodismo en la Era de la posverdad y 'hechos alternativos'. Ámbitos, 40.

Foucault, M. (1980). Power/Knowledge: Selected interviews and other writings, 1972-1977. Nueva York: Pantheon Books.

Foucault, M. (1981). Un diálogo sobre el poder y otras conversaciones. Madrid: Alianza.

Foucault, M. (2012). Vigilar y castigar. Nacimiento de la prisión. Madrid: Biblioteca Nueva.

Foucault, M. (2014). Las redes del poder. Buenos Aires: Prometeo Libros.

Gaughan, A. J. (2017). Illiberal democracy: the toxic mix of fake news, hyperpolarization and partisan election administration. Duke Journal of Constitutional Law & Public Policy, 12 (3), 57-139.

Landau, M. (2006). Laclau, Foucault, Rancière: entre la política y la policía. Argumentos, 52, 179-197.

Menéndez, M. A. (2018). Comunicación de guerrillas en la Era de las fake news y la posverdad. En Menéndez, M. A., L. Peiro, C. Berbell y J. Serrano Martínez (Eds.), Historia de los medios de comunicación en España. De la comunicación institucional a las fake news (pp. 11-38). Gijón: El Ángel.

Morey, M. (2001). Introducción. En Foucault, M. (1981), Un diálogo sobre el poder y otras conversaciones (pp. 9-27). Madrid: Alianza.

Rodríguez Ferrándiz, R. (2018). Máscaras de la mentira. El nuevo desorden de la posverdad. Valencia: Pre-textos.

Serna, J. (2017). Fake news. Todo es falso salvo alguna cosa. En Ibáñez Fanés, J., (Ed.), En la Era de la posverdad. 14 ensayos (pp. 101-116). Barcelona: Calambur.

Documentos originales

3diasdemarzo (2006). Acebes 11-M 13.00. Recuperado de
    https://www.youtube.com/watch?v=YLc34i3I8Hc

Atresplayer (2014). Operación Palace. Recuperado de
    https://www.atresplayer.com/lasexta/noticias/especia-
    les/temporada1/capitulo-1-operacin-pa-
    lace_5ab4d5db986b2804f6a9101b/

Múgica, F. (2006). La furgoneta del 11-M tenía una tarjeta del Grupo
    Mondragón en el salpicadero. En El Mundo, 3 de mayo. Recu-
    perado de http://www.elmundo.es/el-
    mundo/2006/05/08/espana/1147079263.html

Puig, X. (2018a). Europa decide eliminar el cambio de hora, fijándola a
    las dos y cuarto. En El Mundo Today, 3 de septiembre. Recupe-
    rado de https://www.elmundotoday.com/2018/08/europa-
    decide-eliminar-el-cambio-de-hora-fijandola-a-las-dos-y-
    cuarto/

Puig, X. (2018b). Rivera y Arrimadas arrancan independentistas con sus
    propias manos en un pueblo de Barcelona. En El Mundo Today,
    3 de septiembre. Recuperado de https://www.elmundoto-
    day.com/2018/08/rivera-y-arrimadas-arrancan-independen-
    tistas-con-sus-propias-manos-en-un-pueblo-de-barcelona/

Redacción (2008). Zapatero, Rajoy y Llamazares debatirán en Second
    Life. En La Vanguardia, 23 de febrero. Recuperado de
    https://www.lavanguardia.com/tecnolo-
    gia/20080223/53439640183/zapatero-rajoy-y-llamazares-
    debatiran-en-second-life.html

FAKE NEWS Y ÉTICA PERIODÍSTICA: ANÁLISIS DE LAS INFORMACIONES PUBLICADAS EN LOS MEDIOS DE COMUNICACIÓN SOBRE EL CASO DE ASUNTA BASTERRA

Dña. Patricia Torres Hermoso
Universidad de Sevilla, España

Resumen

El pasado 21 de septiembre de 2018 se cumplieron cinco años de la muerte de Asunta Basterra. El cuerpo de la menor de 12 años fue encontrado sin vida en una pista forestal de Teo (A Coruña). Sus padres, Alfonso Basterra y Rosario Porto, fueron condenados a 18 años de cárcel por un delito de asesinato con agravante de parentesco.

Desde que el suceso ocurrió, los medios de comunicación publicaron en las primeras horas numerosas informaciones sobre cuál fue el motivo que le llevó a los padres de la menor a cometer el delito.

Entre las muchas hipótesis que se barajaron y que cobraba fuerza, se encontraba el móvil económico. Según publicaron algunos medios de comunicación, Asunta era la principal beneficiaria de la herencia de sus abuelos maternos, pero luego se comprobó que el nombre de la menor no aparecía en el testamento y que la única heredera del patrimonio era Rosario Porto. Ningún medio que se hizo eco de esta información errónea rectificó.

Consideramos que los medios tienen la responsabilidad de informar a la audiencia con la veracidad pertinente, pero sin caer en el morbo y en sensacionalismo y respetando así los principios éticos y deontológicos de la profesión periodística, De este modo, con la realización de esta comunicación (fruto del inicio de la tesis doctoral titulada *El discurso periodístico y los procesos de criminalización: análisis de la cobertura del caso Asunta a través de los periódicos El País, La Voz de Galicia, Libertad Digital y La Información*) pretendemos analizar qué informaciones se publicaron en dos de esos cuatro diarios- analizados en sus ediciones digitales- que corresponden a la categoría de fake news en la cobertura del caso Asunta y mostrar ejemplo de esos análisis.

Palabras claves

Medios de comunicación, suceso, información, veracidad, ética.

1. Introducción

El suceso es un contenido inseparable de la actividad periodística y siempre despierta interés en la audiencia por su elemento sorpresivo, de ruptura con la cotidianidad y su carácter transgresor como son los hechos violentos o sangrientos.

En este sentido, Rodríguez Cárcela (2015), entiende el *suceso* como un género connatural al periodismo y dice al respecto:

> El periodismo de sucesos informa principalmente sobre asesinatos, homicidios, desapariciones, muertes en extrañas circunstancias, accidentes o hechos delictivos de diversa tipología. Asimismo, transmiten también- pero con menor frecuencia-sobre acontecimientos extraordinarios, curiosos o que se salen de la normalidad. Ahí reside el gran atractivo que ejercen las informaciones de sucesos (p. 11).

Las informaciones de sucesos son básicas en cualquier medio de comunicación y es necesario que en cada redacción exista al menos un periodista que tenga contacto en la comisaria de Policía, Guardia Civil o Policía Local (Calero, José María y Ronda, Javier, 2000:20).

El suceso seleccionado para nuestro análisis provocó una gran conmoción en la sociedad española: la muerte de la niña Asunta Basterra Porto, de 12 años de edad, desaparecida el 20 de septiembre de 2013 y cuyos padres fueron declarados culpables de su muerte.

2. Herramientas de estudio

Como se desprende del título de este capítulo "Fake news y ética periodística: análisis de las informaciones publicadas en los medios de comunicación sobre el caso de Asunta Basterra", nuestro objeto de análisis será, por tanto, las informaciones periodísticas relativas a la cobertura informativa del caso Asunta presentadas en los periódicos, La Voz de Galicia y Libertad Digital publicadas en los días 26 y 27 de Septiembre de 2013 .

Los criterios para seleccionar dichos diarios son los siguientes:

1. Nº de lectores/Nº de visitas.

2. Línea editorial.

3. Cobertura geográfica nacional o local.

4. Estructura mediática: pertenencia a grupos mediáticos diferentes.

5. En el caso de los diarios nativos digitales, se han de seleccionar medios que no cuenten con un referente impreso, que sean de carácter generalista y que figurasen entre los primeros puestos en cuanto a número de visitas en el momento de los hechos. De este modo, se favorece una mayor proyección en el mensaje mediático analizado, dada la mayor relevancia social de los medios seleccionados. De igual modo, se han eliminado como herramientas de análisis aquellos medios que, aun estado en mejor posición que otros en número de visitas, no contasen con una cobertura considerable del suceso que constituye el objeto de estudio de la presente tesis doctoral.

Por una parte, *El País* es el diario español de información general con mayor promedio de difusión en el territorio nacional. En segundo lugar, hemos seleccionado *La Voz de* Galicia, por ser un medio local oriundo de la comunidad donde tuvieron lugar los hechos y para comparar su tratamiento informativo con el diario *El País*. Entre los diarios nativos digitales, hemos seleccionado *Libertad Digital* y *La Información* porque son los medios que mayor cobertura han hecho del caso. Pero tenemos que subrayar que hay periódicos nativos digitales como *El Confidencial*, *El Plural* y *El Diario.es* que hemos descartado por no cubrir suficientemente el caso pero que ya existían entonces, aunque ahora puedan estar mejor posicionados que los que hemos elegido. Es de destacar la línea editorial tan marcada y diferente de los cuatros diarios.

3. Objetivos y planteamiento

En las últimas décadas, ha aumentado la presencia de contenidos criminológicos en los medios de comunicación, principalmente en prensa y televisión.

Como asegura Rodríguez Cárcela (2015:146), "el periodismo de sucesos no es, en esencia, morboso, pero indudablemente sí pueden llegar a serlo el interés y la atracción que despiertan entre numerosas personas determinados comportamientos humanos que necesitan ser contados de forma seria y responsable".

Esta misma línea es defendida por Herran.M (2005:25) cuando afirma que "el hecho criminógeno, en especial, sus hechos más cruentos y violentos siempre han sido un recurso de atracción e interés utilizado por los distintos medios de comunicación".

Esta investigación se ha planteado con la intención de hacer un análisis de aquellos bulos o falsas noticias que se llegaron a publicar los primeros días sobre este caso en los cuatros diarios: *El País*, *La Voz de Galicia*, *Libertad Digital* y *La Información*.

Asimismo, identificar si en los medios seleccionados se ha llevado a cabo una rectificación de la información en los días posteriores a su publicación.

4. Método-Desarrollo del trabajo

Una vez delimitados los objetivos, es preciso abordar la metodología. La muestra se centra en el análisis de las noticias que se publicaron los días 26 y 27 de septiembre de 2013 en los diarios *La Voz de Galicia* y *Libertad Digital*.

Consideraciones en torno al objeto de estudio:

- Nos hemos centrado en el género informativo (noticia) y hemos descartado aquellos que expresan la opinión del medio.

- Además, hemos seleccionado aquellas informaciones cuyo contenido hace referencia a la herencia de los abuelos maternos de Asunta.

- Es importante destacar que esta investigación no ha finalizado, por lo que anticipamos que no podemos extraer conclusiones de la misma ya que nuestra intención es también analizar qué se publicó al respecto en el periódico *El País* y *La Información*. De esta forma, ampliaremos nuestro objeto de análisis.

5. El móvil económico como principal hipótesis de partida

Tras conocerse en los medios de comunicación de las detenciones de Alfonso Basterra y Rosario Porto, los padres de la menor se convertirían en los principales sospechosos y acusados de la muerte de Asunta.

Cada dato que se conocía, el caso daba un vuelco. Los principales móviles que se barajaron durante los primeros días fueron los celos que tenía Rosario Porto de su hija por lo brillante e inteligente que era. Pero la hipótesis que cobró más fuerza fue la herencia de los abuelos maternos en la que Asunta supuestamente ocupaba el primer lugar.

Días más tarde se publicó el testamento de los padres de Rosario Porto que desminte este punto. Los bienes inmuebles se encontraban registrados a nombre de la madre.

Pese a que los padres fueron condenados a 18 años de cárcel por la muerte de su hija, todavía se desconoce el motivo que les llevó a cometer este crimen que conmocionó a la sociedad española

5. 1. Ejemplos

A continuación, expondremos ejemplos del caso Asunta en dos de los cuatros diarios seleccionados, La Voz de Galicia y Libertad Digital.

Noticia 1: *La Voz de Galicia*, publicado el 26 de septiembre de 2013.

El móvil del **crimen de Santiago** podría haber sido económico. Una de las líneas de investigación con la que trabajan los encargados del caso es que **Asunta** pudo ser asesinada por un asunto relacionado con la herencia de sus abuelos maternos. Según esta hipótesis, la niña sería la heredera universal del importante patrimonio del abogado santiagués Francisco Porto Mella y su esposa, la profesora universitaria María del Socorro Ortega Romero. El primero murió de forma repentina en su domicilio en julio del año pasado. Su esposa también había fallecido en la misma casa siete meses antes.

La herencia, que según estas hipótesis habría ido a parar a la pequeña Asunta, incluía inmuebles en Santiago, Vilanova de Arousa -en esa casa pasaron unos días **Asunta** y sus padres ya separados en pasado mes de agosto-, y una vivienda más en Montouto (Teo), no muy lejos de la pista de Feros donde apareció el pasado domingo el cadáver de la pequeña, y que fue registrada este miércoles por los investigadores durante siete horas.

Noticia 1: *La Voz de Galicia*, publicado el 26 septiembre de 2013.

Asunta Basterra, la principal beneficiaria de la herencia de sus abuelos

Sus abuelos maternos fallecieron con apenas un año de diferencia. La doble pérdida suscitó una conmoción en Compostela.

Noticia 2: *Libertad Digital*, publicado el 26 de octubre de 2013

MENÚ   **Libertad Digital**

POLÍTICA   ECONOMÍA

LD/ Agencias   2013-09-26

Relacionado

Detienen al padre de Asunta

'La ciudad está pasando un duro trance'

Detenida la madre

Asunta Basterra Porto, la niña hallada muerta el pasado fin de semana en una pista forestal de un ayuntamiento próximo a Santiago, era la **principal beneficiaria de la herencia de sus abuelos** maternos, fallecidos con apenas un año de diferencia, han informado a Efe fuentes próximas a la investigación.

Noticia 2: *Libertad Digital*, publicado el 26 de ocutbre de 2013

Conforme pasaban las horas, el relato cambiaba y en la siguiente noticia publicada a las 22:30 horas de la noche por *La Voz de Galicia*, el juzgado no investigaba en ese momento la muerte de los abuelos.

GALICIA

El juzgado no investiga «en estos momentos» la muerte de los abuelos

Un alto cargo de la Guardia Civil revela que el instituto armado se cuestiona si los padres de Charo Porto, la madre de Asunta, fallecieron o no realmente por causas naturales

Noticia 3: *La Voz de Galicia*, publicado el 26 de septiembre de 2013.

La Voz de Galicia

Tras conocer que el abuelo de Asunta Basterra, la niña de Santiago encontrada sin vida el domingo de madrugada en una pista de Teo, no testó en su favor, pero sí le donó bienes en vida, la Guardia Civil maneja varias hipótesis sobre el crimen, además del móvil económico que desde el principio baraja como principal. «Todas las demás líneas están abiertas aún», se apresura a aclarar un alto cargo del instituto armado que, motu proprio, añade: «E incluso estamos echando la vista atrás».

Esa última frase significa que los investigadores están cuestionándose ahora si los padres de Rosario Porto, la madre de la menor supuestamente asesinada, fallecieron o no realmente por causas naturales, como se creyó en su momento. Ella, la profesora universitaria María del Socorro Ortega Romero, dejó este mundo el 11 de diciembre del 2011 y él, el abogado compostelano Francisco Porto Mella, hizo lo propio poco después, el 26 de julio del 2012. Muy vinculados a su única nieta, Asunta, ambos fueron incinerados.

Noticia 3: *La Voz de Galicia*, publicado el 26 de septiembre de 2013.

Al día siguiente, apareció publicado en el periódico local *La Voz de Galicia* y en *Libertad Digital* que Asunta no aparecía en el testamento de sus abuelos, pero sí en algunos bienes. A pesar de eso, la Guardia Civil seguía creyendo que el móvil económico seguía siendo la principal hipótesis.

Asunta no aparece en el testamento de sus abuelos pero recibió bienes en vida

El testamento se redactó en 1975, antes del nacimiento y adopción de la niña, y no se modificó pero se le donaron propiedades antes de morir. SIGUE AQUÍ TODA LA INFORMACIÓN SOBRE EL CRIMEN

Ejemplo 4: *La Voz de Galicia*, publicado el 27 de septiembre de 2013.

La Voz de Galicia

Asunta Basterra no era la heredera universal de sus abuelos, el conocido abogado compostelano Francisco Porto Mella y su esposa Socorro Ortega Romero, pero estos donaron a la niña algunos bienes antes de fallecer. Porto Mella, que falleció el 26 de julio del 2012 a los 88 años de edad, no pudo testar en favor de su nieta porque cuando se dictó el testamento fue en el año 1975, antes de que Charo Porto y Alfonso Basterra adoptasen a la niña. Además, ese documento no fue modificado. Sin embargo, como explicaron los letrados de los acusados en el transcurso de los registros, la niña ya tenía en propiedad algunos bienes.

La Guardia Civil inició una investigación para determinar si el móvil del crimen de la pequeña, que fue sedada, atada y asfixiada el pasado sábado y apareció muerta en la madrugada del domingo en una pista forestal de Cacheiras (Teo), era económico, ya que la familia tenía un importante patrimonio inmobiliario. Ese móvil sigue siendo la principal hipótesis.

Noticia 4: *La voz de Galicia*, publicado el 27 de septiembre de 2013.

Asunta no aparecía en el testamento de sus abuelos

Una prima del padre de Rosario Porto ha dicho que la familia cree que hay un móvil económico tanto detrás de la muerte de Asunta como de su abuelo.

Noticia 5: *Libertad Digital*, publicado el 26 de septiembre de 2013

Libertad Digital

INICIO   ESPAÑA   Asunta no aparecía en el testamento de sus abuelos

LD/ Agencias   2013-09-26

Relacionado

Registran la vivienda de la madre

Sedada y asfixiada

No descartan más detenciones

Video: Insultan a los padres de la niña

Los investigadores del caso Asunta Basterra se cuestionan si los padres de Rosario Porto, la madre de la niña, **fallecieron o no realmente por causas naturales**, como se creyó en su momento. Según informa *La Voz de Galicia*, la profesora universitaria María del Socorro Ortega Romero murió el 11 de diciembre de 2011 y él, Francisco Porto Mella, falleció el 26 de julio de 2012. El periódico apunta que los dos fueron **incinerados**.

Por su parte, la edición digital de *El País* afirma que el juez del caso, José Antonio Vázquez Taín, acaba de desmentir que **se vaya a investigar** la muerte de los abuelos.

Noticia 5: *Libertad Digital*, publicado el 26 de septiembre de 2013.

Como hemos podido comprobar, las informaciones publicadas los días 26 y 27 de septiembre de 2013 son contradictorias y varían considerablemente, pero ningún medio rectificó el contenido del mismo en los días posteriores.

Por lo tanto, consideramos que los medios de comunicación tienen la obligación de rectificar sobre cualquier información inexacta y perjudicial. En algunos medios se confirmó que el "móvil"de la muerte de la pequeña Asunta fue el económico, cuando aún la investigación estaba en curso.

6. Derecho de rectificación

El derecho de rectificación aparece recogido expresamente en la Ley Orgánica 2/1984 de 26 de marzo y publicado en Boletín Oficial de Estado (BOE), y aparece definido de la siguiente manera en sus tres primeros artículos[6]:

Art. 1: "Toda persona natural o jurídica, tiene derecho a rectificar la información difundida, por cualquier medio de comunicación social, de hechos que le aludan, que considere inexactos y cuya divulgación pueda causarle perjuicio. Podrán ejercitar el derecho de rectificación el perjudicado aludido o su representante y, si hubiese fallecido áquel, sus herederos o los representates de éstos".

Art.2: "El derecho se ejercitará mediante la remisión (del escrito) del escrito de rectificación al director del medio de comunicación dentro de

---

[6] https://www.boe.es/buscar/act.php?id=BOE-A-1984-7248.

los siete días naturales siguientes al de publicación o difusión de la información que se desea rectificar, de forma tal que permita tener constancia de su fecha y de su recepción”.

Art.3: “Siempre que el derecho se ejercite de conformidad con los establecido en el artículo anterior, el director del medio de comunicación social deberá publicar o difundir íntegramente la rectificación, dentro de los tres días siguientes al de su recepción, con relevancia semejante a aquella en que se publicó o difundió la información que se rectifica, sin comentarios ni apostillas”.

El pasado mes de octubre de 2018, los grupos parlamentarios del Congreso acordaron por unanimidad, ampliar el derecho de rectificación de una información que aparecen publicadas en redes sociales y plataformas digitales sobre hechos que aludan a personas y empresas, que consideren inexactos y cuya divulgación puedan causarles perjuicio[7].

En concreto, en este texto pactado por los grupos parlamentarios y publicado por Europa Press, recoge que “los responsables de redes sociales, plataformas digitales y servicios de la sociedad de la información equivalentes adoptarán y ejecutarán protocolos efectivos para garantizar el ejercicio del derecho de rectificación, en particular en relación con los contenidos que atenten contra el derecho al honor, la intimidad personal y familiar y personal en Internet y el derecho a comunicar o recibir libremente información veraz”.

Tal y como señala el texto, “la legislación sobre el derecho de rectificación en los medios de comunicación social resultará de aplicación a redes sociales, plataformas digitales y servicios de la sociedad de la información equivalentes”.

Esta cuestión ha reabierto el debate, sobre todo por parte de asociaciones de periodistas como la Plataforma en Defensa de la Libertad de Información (PDLI) y la Federación de Sindicatos de Periodistas (FeSP), que consideran que los grupos políticos usan las noticias falsas como excusa para controlar Internet.

Una entidad que lucha contra las “fake news” y su viralidad es “FactCheck.org” aconsejan a los usuarios que circulan por internet que se fijen en determinados elementos para detectar noticias falsas, y que se resumen a continuación:[8]

---

[7] https://www.europapress.es/sociedad/noticia-derecho-rectificacion-informacion-amplia-redes-sociales-plataformas-digitales-20181004181924.html

[8] https://www.abc.es/tecnologia/consultorio/abci-como-detectar-fake-news-internet-201809300342_noticia.html.

1. Fuente de la noticia: hay que desconfiar de aquellas páginas web que no proporcionan información segura o que sean pocas conocidas.

2. Leer más allá de la noticia: comprobar hacia dónde te redirecciona esa página.

3. Verifica al autor: si la noticia no está firmada, desconfía. Si aparece el nombre y el apellido, verifica quién es esa persona.

4. Desconfía de los titulares: a menudo, las noticias falsas tienen titulares llamativos, escritos en mayúsculas o con signos de exclamación y, en muchas ocasiones, van acompañados de calificativos como "sorprendente".

5. Examina la URL.

6. Investiga la fuente de la noticia: antes de difundir una noticia, es necesario asegurarse que la fuente sea fiable.

7. Presta atención al formato: si tiene alguna falta de ortografía, también es un indicio de ser una "fake news".

8. Ojo a las fotos: verificar de dónde procede la imagen, porque puede estar sacada de contexto.

9. Revisa las fechas: las noticias falsas pueden tener una cronología sin sentido o incluir fechas que han sido alteradas.

10. Verifica los hechos: comprobar las fuentes del autor para confirmar que son exactas.

11. Consulta otras noticias: si ningún otro medio se hace eco de esa noticia, es posible que estemos ante una noticia falsa.

12. Sé crítico: en ocasiones, algunas informaciones son falsas de forma intencionada y con fines ocultos o malintencionados.

Referencias bibliográficas:

Boletín Oficial del Estado (BOE): https://www.boe.es/

Calero Martínez, José María y Ronda Iglesias, Javier (2000). Manual de periodismo judicial. Ámbitos para la comunicación,6. Grupo de Investigación en Estructura, Historia y Contenidos de la Comunicación.

Gordillo, Ignacio (1997). El periodista ante la información sobre la Justicia, en Documentos. Suplemento de la Revista Documentos. Asociación para el Progreso de la Comunicación (APC), Sevilla, n°20, Octubre-Noviembre.

Herrán, M.T. (2005) Ética para periodistas. 1ªedición. Editorial Norma.

Quesada, M (2007) Periodismo de sucesos, Madrid: Síntesis.

Rodríguez Cárcela, R (2011) La información de sucesos. La temática en prensa escrita. Madrid.

Rodríguez Cárcela, R (2015) Manual de Periodismo de Sucesos. Colección Ámbitos para la comunicación, 12. Ladecom/Grehcco.

Ronda Iglesias, J. (1999) Los retos del periodismo judicial. Revista Latina de Comunicación Social, 15, marzo, Universidad de La Laguna. Recuperado de https://www.ull.es/publicaciones/latina/a1999c/116ronda.htm.

Ronda Iglesias, J. (2002-2003) El periodismo judicial en España. Revista Ámbitos.

http://www.cuadernosdeperiodistas.com/la-rectificacion-derecho-no-se-ejerce/

El derecho a la rectificación de una información se amplía a redes sociales y plataformas digitales: https://www.europapress.es/sociedad/noticia-derecho-rectificacion-informacion-amplia-redes-sociales-plataformas-digitales-20181004181924.html

Cómo detectar "fake news" en internet: https://www.abc.es/tecnologia/consultorio/abci-como-detectar-fake-news-internet-201809300342_noticia.html

Noticia 1:

https://www.lavozdegalicia.es/noticia/santiago/2013/09/25/investigan-nina-asunta-asesinada-heredera-universal-fortuna-abuelos-maternos/0003138013680803227861l.htm

Noticia 2:

http://www.libertaddigital.com/espana/2013-09-26/asunta-baste-
     rra-la-principal-beneficiaria-de-la-herencia-de-sus-abuelos-
     1276500291/

Noticia 3:

https://www.lavozdegalicia.es/noticia/gali-
     cia/2013/09/26/echando-vista-
     atras/0003_201309138018421587147.htm

Noticia 4:

https://www.lavozdegalicia.es/noticia/santiago/2013/09/26/anali-
     sis-testamento-descarta-asunta-fuera-heredera-universal-
     abuelos/0003138021322726574558.htm

Noticia 5:

http://www.libertaddigital.com/espana/2013-09-26/investigan-si-
     los-abuelos-de-asunta-basterra-murieron-por-causas-natu-
     rales-1276500314/

LAS FAKE NEWS EN LOS PROCESOS ELECTORALES: EL PROYECTO VERIFICADO.MX EN LAS ELECCIONES MEXICANAS DE 2018

Daniel Moya López
Universidad de Sevilla, España

Resumen

El proceso electoral de julio de 2018 fue muy importante para México. El candidato Andrés Manuel López Obrador (AMLO) se presentaba por tercera ocasión, tras denunciar fraude electoral en los dos comicios anteriores. En esta tercera ocasión el clima de violencia, los años de lucha con el narcotráfico, traducidos en centenares de muertos en las calles del país, y en general las muestras claras de Estado fallido ponían todas las miradas sobre el proceso.

Con el antecedente de las noticias falsas y la desinformación en los comicios de Estados Unidos de 2016, que dieron como candidato ganador a Donald Trump, algunas organizaciones de la sociedad civil y medios de comunicación, preocupados ante la posibilidad de que las *fake news* se convirtieran en una estrategia más de la campaña política, lanzaron *Verificado.mx*, un proyecto colaborativo que nació con el objetivo de esclarecer las distintas informaciones surgidas a lo largo del proceso electoral. Esta web basó su actividad en dos vertientes: las *fake news* y el *fact-checking*, es decir, la verificación de noticias y la comprobación del discurso de los distintos actores políticos.

En este trabajo pretendemos identificar los principales elementos del proyecto: quiénes están detrás, qué objetivos persiguen, cuál es su metodología de trabajo y cuál fue el alcance que tuvo. A largo plazo el objetivo es comprender el papel que desempeñan las noticias falsas en los procesos electorales y las estrategias que desde el periodismo se pueden emprender para evitar la desinformación.

Palabras clave

México, *fake news*, elecciones, *verificado*, fact-checking.

1. Introducción

Internet es la imprenta digital. Su llegada ha transformado por completo el mundo en todos sus niveles, al igual que lo hizo aquel invento de Guttenberg en el siglo XV. Las *fake news*, pese a la moderna cultura de añadir anglicismos a todos los términos, no son un hecho novedoso ni, precisamente, moderno, sino que existía desde antes de la imprenta con aquellas relaciones de sucesos que narraban hechos completamente inverosímiles. Internet ha dado lugar a un nuevo soporte para comunicarse, ha cambiado las estrategias y también las formas de hacerlo, pero se nutre de conceptos tan básicos como el de las noticias falsas, inherentes al periodismo desde su nacimiento allá por la Edad Media.

Si la imprenta permitió acelerar los flujos de la información por su celeridad productiva así como la repetición de la misma ante un menor coste de producción, Internet ha terminado de pulverizar aquel hito al poner en cuestión de segundos cualquier contenido en casi cualquier lugar del planeta que tenga acceso a esta herramienta. Esto ha provocado un ritmo vertiginoso en la información, la manera de percibir el mundo y de aquellas cotidianidades de la vida en la ciudadanía. Un ritmo que va ligado a una ideología neoliberal, de circulación económica salvaje marcada por la globalización y en la que el escenario, más allá de lo físico, parece haberse extrapolado a lo virtual.

Las *fake news* no son, por tanto, un fenómeno novedoso. La novedad radica en el poder de difusión y recepción que el soporte de comunicación dominante, Internet, ha establecido entre los ciudadanos e instituciones. Ello ha provocado un escenario de difícil control donde el usuario se encuentra más indefenso frente a estas manipulaciones informativas y en el que el virus de la infoxicación provoca un efecto de desinformación que compromete la autonomía del individuo, sus libertades individuales, y en suma, en tanto que sociedad, desarrollos plausibles dentro de las aspiraciones teóricas de sistemas democráticos.

Ante esta situación, el periodismo, sector de suprema vulnerabilidad por la vorágine de Internet y sus fragilidades – da para reflexionar que éstas se hayan impuesto a las potencialidades del medio – ha buscado un nuevo rol, una nueva tarea en la que servir a la ciudadanía. Aunque los proyectos aún son minoritarios, el nacimiento de medios que se dedican a vigilar el discurso de instituciones y de los propios medios de comunicación[9] buscan recuperar viejos ideales de defensa ante la mala praxis comunicativa y periodística en un contexto mucho más nuevo y violento por sus altas capacidades de llegada.

Estos medios, nacidos como verificadores, tratan de ofrecer otra visión acerca de aquellos mensajes que emanan de actores importantes y de los medios de comunicación con el objetivo de ofrecer pausa, cordura y freno en la espiral velocísima de contenidos que, principalmente, a través de las redes sociales inundan la percepción de la opinión pública, influyendo de esta manera en la vida social, que incluye aspectos esenciales como la economía y la política.

Si además de la situación a nivel comunicacional se le añade el marco contextual a nivel sociopolítico tras la crisis estructural iniciada por la crisis financiera de 2008, la realidad mediática se complejiza a unos niveles críticos en los que, ante una nueva etapa en la que el sistema neoliberal parece reafirmarse, se abrió la veda a una ruptura con movimientos sociales como el 15-M, la Primavera Árabe, la Revolución de los paraguas en Hong Kong u Ocupar Wall Street, entre otros.

2. Contexto electoral en México: 1 de julio de 2018

El 1 de julio de 2018 casi 90 millones de mexicanos[10] fueron llamados a elegir a su presidente, senadores y diputados federales de cara a la próxima legislatura. Las elecciones, por primera vez en décadas, daban opciones reales de victoria a un candidato de izquierda, Andrés Manuel López Obrador, quien ya se había presentado en dos ocasiones anteriormente en las que salió derrotado. Este hecho simboliza el cisma abierto en la sociedad mexicana, hastiada por una crisis social y humanitaria de carácter perpetuo y que a nivel político no había encontrado la respuesta de los distintos gobiernos de la nación.

Unos gobiernos cuya herencia es de estancias larguísimas en el poder. Apenas en el año 2000 el Partido Revolucionario Institucional (PRI) perdió por primera vez unas elecciones tras siete décadas en el Estado siendo relevado por el Partido de Acción Nacional (PAN), quien gobernó las dos siguientes legislaturas hasta el año 2012, fecha en la que Enrique

---

[9] No deja de ser, cuanto menos, una cuestión de sonrojo que los medios de comunicación hayan tenido que ejercer de contrapoder de los propios medios de comunicación, retorciendo así las teorías más básicas de la información que le daban al periodismo una labor de guardián como protector de la ciudadanía frente al Poder.

[10] Aunque la población con capacidad para el voto superaba los 123 millones, sólo la cifra indicada en el texto se inscribió para poder acceder al voto en estas elecciones, de los cuales la participación final fue de 56.611.027 millones de personas, un porcentaje del 63'42%. La victoria fue para Andrés Manuel López Obrador con más de 30 millones de votos (53'19%).

Peña Nieto recuperó el poder para los priístas. La presencia de estos partidos en la presidencia ha sido incapaz de responder a los graves problemas a los que se enfrenta México, cuya prorrogación han dejado al país en una delicada situación.

México es víctima de una realidad de violencia diaria[11] originada por el narcotráfico, auténtico motor de una parte de la sociedad y que ha golpeado duramente la convivencia en el país. Por un lado, se encuentra aquella población que ve en el narcotráfico la única manera de subsistir aunque sea al precio de un arma de doble filo; por otro, aquella parte de la sociedad que sufre la violencia de manera cotidiana, incapaz de vivir en libertad y en una democracia arraigada en sus nociones más básicas. Desde ambos frentes se produce una situación de desconfianza hacia las instituciones estatales y los cuerpos y fuerzas de seguridad del Estado, marcados por la ineficiencia y la corrupción.

Esta situación ha generado que México sea un Estado fallido[12], en el que el gobierno ha perdido el monopolio en el uso legítimo de la fuerza, pese a no ocupar grandes minutos en las televisiones internacionales y no ser tratado con la profundidad que requieren los graves problemas del país, comparado con la situación de otros territorios. Es, precisamente, a nivel informativo, uno de los países donde los medios de comunicación sufren más coacciones y donde los periodistas mueren a causa de la violencia suscitada por la guerra contra el narcotráfico[13].

Con este contexto y los resultados de los sondeos previos a las elecciones, estos comicios tomaron un cariz aún más determinante por la posibilidad de que un cambio ideológico en la presidencia del gobierno entrara para afrontar los problemas de la sociedad mexicana. La llegada al poder de Andrés Manuel López Obrador, precisamente, supone la ruptura con la tónica a nivel mundial, especialmente significativo en los cambios de gobierno se están produciendo hacia la derecha y extrema

---

[11] Según estadísticas del Instituto Nacional de Geografía y Estadística y del Sistema Nacional de Seguridad Pública, desde 2006 a 2018, en México han muerto más de 250.000 personas por la guerra del narcotráfico: https://actualidad.rt.com/actualidad/272788-mexico-llega-250000-asesinatos-inicio-guerra-narcotrafico

[12] En 2018 México el sexto país que más mejoró en las condiciones para evitar ser considerado un Estado fallido según Fund for peace. No obstante, sigue siendo catalogado de Estado en peligro, próximo a entrar en una situación de alerta: http://fundfor-peace.org/fsi/2018/04/19/fragile-states-index-2018-issues-of-fragility-touch-the-worlds-richest-and-most-developed-countries-in-2018/

[13] México es el país situado en el puesto 147 en libertad de prensa por Reporteros sin fronteras en su informe de 2018, catalogado en la franja de difícil situación. En 2017 fue el país más mortífero para los periodistas tras Siria: https://www.rsf-es.org/news/clasificacion-mundial-2018-america-latina-a-medias-tintas/

derecha en países de América Latina tras el triunfo de los movimientos de izquierdas de principios del siglo XXI. La victoria de Macri (Argentina), Lenin (Ecuador), Bolsonaro (Brasil) y la autoproclamación de Juan Guaidó (Venezuela) han puesto fin al cambio que vivió la región con la llegada de Chávez, Morales, Kirchner, Correa y Múgica al poder.

Pero México, que siempre se había conformado como una contraposición a esto dado el carácter conservador de sus gobiernos, ahora da un vuelco no sólo con respecto a América Latina sino con esa citada inercia a nivel mundial, con la llegada al poder de la derecha y la extrema derecha en los gobiernos de Estados Unidos, Hungría, Polonia, Italia o Andalucía (España). Con esta tarjeta de presentación, la verificación del discurso de instituciones y medios de comunicación en pos de unas elecciones limpias con un rigor informativo de carácter democrático para la formación responsable del voto era de carácter vital.

3. *Verificado.mx*: nacimiento y organizaciones

El 12 de marzo de 2018 nacía el portal web *Verificado.mx* ante la inminente llegada del proceso electoral en México. El objetivo de esta plataforma era el de combatir la desinformación que se advertía iba a tener lugar, sobre todo tras la experiencia de las elecciones en Estados Unidos. La pretensión era convertirse en un lugar en el que todos los electores pudieran cotejar los distintos datos e informaciones vertidas en la campaña, en búsqueda de convertirse en un formato de formación del electorado, en la labor pedagógica o formativa que muchos teóricos de la comunicación han otorgado a los medios de comunicación.

Los orígenes se hallan en una iniciativa espontánea que tuvo lugar tras el seísmo producido en México el 19 de septiembre de 2017. Un grupo de ciudadanos lanzó #Verificado19S en las redes sociales, cuyo objetivo era ofrecer información verosímil frente a la lentitud de los organismos estatales y la desinformación propagada en un contexto de crisis nacional por las consecuencias del terremoto.

Aquel germen dio con la iniciativa de que la ciudadanía pudiera apoyarse en profesionales y expertos en el sector de la información y la comunicación para recibir informaciones verificadas de malas intenciones promovidas tanto por los partidos políticos, sus candidatos, como por los propios medios de comunicación y particulares que buscaban un beneficio económico con la viralización de contenidos falsos.

Verificado.mx es producto de una colaboración entre periodistas, medios, universidades y otros colectivos que trabajan en coordinación con las distintas informaciones a las que tienen acceso, tanto por alcance propio como por los avisos de los ciudadanos que deseen verificar tales contenidos. Así, la direccionalidad es dual, un contacto entre medios y ciudadanía para unas elecciones más libres.

¿Quiénes están detrás? En total son 97 los distintos organismos que bien convocan, apoyan, se alían, promueven o dan soporte tecnológico al proyecto. Entre todos ellos la variedad es notoria, tanto de procedencia como su catalogación entre alternativo y sistemático, entre apocalíptico e integrado. El liderazgo proviene de cuatro organizaciones: *Animal Político*, *Pop-Up Newsroom*, *AJ+ español* y *Newsweek español*.

Animal Político es un medio nativo digital perteneciente al Grupo Editorial Criterio, nacido con un prisma de combatir la corrupción. Frente a la predominancia de la temática política, este digital pretende darle un enfoque más amplio para desmarcarse de la rutina y la *agenda-setting* marcada desde las instituciones. *Animal Político* no es propiedad mexicana sino de dos organizaciones estadounidenses: Elephant Publishing LLC y Printed Matter LLC, que participaron en el acta fundacional con 2.999 dólares y un dólar respectivamente[14]. Las fuentes de ingresos se dividen en publicidad (45%), *grants* (25%), capacitación a otros medios y organizaciones civiles (15%), consultoría (10%) y donaciones (5%). A lo largo de 2017 *Animal Político* recibió 80.000 dólares de Open Society Foundation (que a su vez apoya directamente a *Verificado.mx*) y 90.000 dólares de Fundación Ford, además de un apoyo por valor de 85.000 dólares para su soporte específico de México Desigual procedente de la Fundación Kellogs[15].

También perteneciente al Grupo Editorial Criterio es *Newsweek* en español, propiedad de Newsweek for America LLC. Este portal digital, hijo del semanario estadounidense *Newsweek* nacido en 1933, presenta una cobertura más amplia, añadiendo noticias de carácter cultural, deportiva o tecnológica. Se publica en colaboración con el portal *Newsweek*, aunque con una gran cantidad de contenidos propios y especializados con respecto a la edición estadounidense. *Newsweek* ha vivido varios vaivenes en su estructura de la propiedad desde que el grupo *The Washington Post* decidiera venderlo por un dólar.

Pop-up Newsroom es una plataforma colaborativa en la que participan publicaciones, editores, universidades y soportes tecnológicos, entre los que se encuentran, por ejemplo, *AJ+ español*, una de las cabezas de *Verificado.mx*, y Facebook y Google, que también dan apoyo al objeto de estudio aquí presentado. Ha servido de apoyo, además, para otros

---

14 Acta constitutiva de Animal Político en la Dirección General de Inversión Extranjera: https://es.scribd.com/document/47751661/Editorial-Animal-Inscripcion

15 https://www.animalpolitico.com/quienes-somos/

proyectos como *Riksdagsvalet*, que cubrió las elecciones generales en Suecia, y *UK General Elections*, que hizo lo propio con las británicas.

Finalmente, AJ+ *español* es un medio nativo digital que cubre las informaciones de Latinoamérica, dirigido a un sector joven ofreciéndose como información alternativa a los medios tradicionales. Tiene una vocación local y regionalista, con una clara vocación audiovisual y a través de las redes sociales. AJ+ es un producto de *Al Jazeera*, propiedad de la casa real catarí, con un porcentaje del 10% del gobierno de Catar.

Entre otras organizaciones que muestran su apoyo se encuentran Facebook, a través de *Facebook Journalism Project*; Google, con *Google News Iniciative*; o Twitter. También Oxfam México o Cuartoscuro, agencia de fotografía. La lista de medios que participan en el proyecto es amplia, con un abanico grande de medios tradicionales como ABC, *Buzz Feed*, *Huffington Post* o *Forbes México*, y otros medios más pequeños pero sin un discurso alternativo[16].

Entre los promotores del proyecto se encuentran, asimismo, empresas también tradicionales y pertenecientes a la estructura mediática mexicana como Televisa u Ocho TV[17]. Tras observar la gran cantidad de organizaciones que participan tras *Verificado*, pese a no contemplarlo al inicio de esta comunicación, será de notable interés analizar estructuralmente la propiedad y las conexiones mediáticas de los principales apoyos de este proyecto alternativo. No en vano, pese a que *Verificado.mx* surge con la intención de chequear discursos de políticos y actores electorales, así como de medios de comunicación y bulos en redes sociales, los elementos que están detrás de *Verificado.mx* son los mismos que emanan esos mensajes. Es decir, los mismos medios que propagan noticias falsas se controlan a sí mismos en esa labor de propagación, aunque no se mencionan explícitamente puesto que siempre juegan un papel de emisor indirecto de la noticia falsa, no cotejan la *fake news*, tan sólo la difunden aunque no sea elaborada por ellos.

La presencia de grandes mediáticos como Televisa, Ocho TV, *The Huffington Post*, ABC, *Buzz Feed* o Al Jazeera – el medio herético para Occidente (Reig, 2011) – pone en duda el carácter alternativo que pudiera comprender la plataforma de *Verificado*. Asimismo, las grandes herra-

---

[16] En una investigación realizada en 2016 sobre la prensa digital nativa en España se observó cómo ésta no siempre cumple unos requisitos de alternativa con respecto a la estructura mediática convencional (Sánchez-Gutierrez y Moya López, 2016).

[17] Televisa es la punta de lanza de toda la estructura mediática en España, con conexiones a nivel internacional que llegan hasta Estados Unidos o España (Mancinas-Chávez, 2009; Mancinas-Chávez, Ortega Pérez y Vidal Bonifaz, 2016).

mientas de internet como Facebook, Google y Twitter apoyan una iniciativa que combate el uso que se hace de ellas y que, por otro lado, les reporta importantes beneficios económicos. La cadena, de manera perversa, se vuelve circular. Donaciones por parte de la Fundación Ford o Kellogs limitan la credibilidad como alternativa de esta plataforma al estar integrada ante grandes referencias dentro del Poder económico y mediático.

4. Dos modos de trabajo: *fake news* y *fact-checkings*

Verificado.mx basa su actividad en dos vertientes, las *fake news* y los *fact-checkings*, como fórmula para combatir la desinformación generada en el proceso electoral. Se produce así una revisión tanto de los contenidos emitidos por los medios de comunicación como por los discursos y datos ofrecidos por los distintos candidatos a la presidencia.

Las *fake news* se definen como aquellas informaciones no veraces cuya publicación y difusión tienen la finalidad de engañar y confundir a los receptores con un propósito propagandístico[18]. Estas informaciones también se caracterizan por ser manipulaciones o difundirse descontextualizadas, es decir, una *fake news* no tiene por qué ser necesariamente un hecho que nunca ocurrió, sino que éste pudo tener lugar (una declaración, por ejemplo), pero se presenta en un marco contextual malintencionadamente falso.

En cuanto a los *fact-checkings*, este modelo de combate a la desinformación se basa en la verificación del discurso para comprobar si las declaraciones o datos presentados por los candidatos electorales son reales[19]. Con esta vía se pretende evitar la facilidad de promesas que luego no son cumplidas, la defensa de una gestión que no fue tal, y basar la campaña en una realidad que no existe.

Verificado.mx les otorga, además, la condición de viralidad. Para el portal mexicano es necesario que dicho contenido haya tenido un impacto superior a mil interacciones en las distintas redes sociales, o que se hayan erigido en noticia con influencia en la opinión pública.

5. Metodologías de verificación. El Sabueso

La web de *Verificado.mx* hizo uso de dos metodologías distintas para hacer frente a los casos de *fake news* y de *fact-checkings* respectivamente. En ambas el objetivo perseguido era el mismo, arrojar luz sobre

---

[18] Definición que le otorga el propio portal de Verificado.mx: https://verificado.mx/metodologia/
[19] *Íbidem.*

el hecho o declaración en cuestión, tanto como refutación como reafirmación.

Cuando *Verificado* recibe o detecta alguna posible noticia falsa, el proceso es el siguiente:

a. Revisión de fuente, fecha de publicación y medios que se hacen eco.

b. Contraste de datos y hechos, así como en el caso audiovisual, cotejo de imágenes originales.

c. Confirmación con el protagonista de la noticia.

d. Otras fuentes: testigos, organizadores y asistentes.

e. Revisión de estadísticas, fuentes académicas y consulta con expertos en la temática del objeto discutido en cuestión.

f. Uso siempre de capturas de pantalla y no del enlace a la noticia falsa. Protocolo para no difundir más bulos.

g. Selección final de una de las cuatro categorías: falso, engañoso, no se puede probar, y verdadero.

Estas categorías mencionadas en el último punto hacen referencia a las siguientes situaciones: verdadero, la noticia es cierta; no se puede probar, no hay elementos suficientes como para determinar si la noticia es verdadera o falsa; engañoso, la noticia no es falsa pero está sacada de contexto; y falso, la noticia es completamente falsa.

Con respecto a la modalidad de *fact-checkings*, la metodología usada es la que se conoce como la de El Sabueso. El origen de esta metodología se encuentra en *Animal Político*, uno de los medios que lidera el proyecto de *Verificado* y que está certificada por la Red Internacional de *Fact Checking* del Instituto Poynter. La metodología, al igual que el proceso usado para las *fake news*, está compuesta de siete pasos:

a. Selección y ponderación de la declaración en el ámbito público en base a su relevancia, tanto en el mensaje como en el mensajero.

b. Solicitación al emisor de la fuente de la que extrae su declaración.

c. Verificar con la fuente proporcionada para ver la coincidencia con la declaración. Esto no exime de que la afirmación sea falsa.

d. Contraste con otros datos y fuentes expertas en la materia abordada.

e. La frase es contextualizada en los distintos marcos posibles.

f. La declaración es confirmada, contrapuesta o refutada.

g. El mensaje se enmarca en una de las ocho categorías como resultado final:

   1. Verdadero: afirmación sostenida y reforzada.
   2. Verdad a medias: afirmación que se sostiene, pero de la que se omiten datos.
   3. Discutible: depende de la metodología que se use.
   4. No se puede probar: consultadas las distintas fuentes, no es posible categorizarla.
   5. Engañosa: puede que los datos sean ciertos, pero aparecen descontextualizados y confunden, intencionalmente o no.
   6. Casi falso: todos los datos, excepto uno, son falsos.
   7. Falso: todos los datos son falsos.
   8. Ridículo: no sólo los datos son falsos, sino que además son inverosímiles.

A esta última escala *Verificado.mx* le añadía una última categoría llamada #EstoSíPasó, con la que se pretendía definir a aquellas noticias o declaraciones que parecían inverosímiles en la apariencia, pero que realmente sí ocurrieron.

Para la realización de este trabajo hemos asumido sólo la labor de *fact checking*, analizando la muestra total de este tipo de contenidos desde que abre *Verificado.mx* hasta su cierre definitivo una vez celebradas las elecciones. He aquí una de las primeras observaciones importantes que hay que realizar sobre *Verificado*, y es la dificultad de entender el proceso de filtración por la que divide los contenidos en su página web, sin especificar cuáles son noticias falsas o cuáles son verificaciones del discurso. Esta situación en su página web ha sido un escollo notable a la hora de realizar el trabajo, no quedando claro el criterio de selección, lo que puede entenderse también como una estrategia intencionada por parte del portal web con el objetivo de ofrecer una realidad difusa.

6. Resultados

Para la realización de este trabajo se escogió una ficha de análisis desde la que rellenar los diferentes ítems de cada uno de los elementos de la muestra. Se usó, por tanto, una metodología cuantitativa inicialmente, desde la que obtener unos datos numéricos que luego, a través de una metodología cualitativa basada en la interpretación crítica, pudieran arrojar luz y comprensión del fenómeno *Verificado* desde diversos puntos de vista, con un enfoque eminentemente estructural. La muestra total se compone de 208 informaciones. No todos los ítems dan como suma tal número, pues en algunas preguntas la selección de respuestas podía ser múltiple.

En primer lugar se analizó la cantidad de informaciones que no pertenecían a una comprobación de noticia falsa o *fact checkings*, sino que eran contenidos convencionales que informaban sobre un determinado aspecto de las elecciones, la campaña o los asuntos candentes de la misma. Como resultado se obtuvo que 91 de las 208 informaciones correspondían a esta categoría, lo que supone un porcentaje del 43'8%.

Tipo de publicación

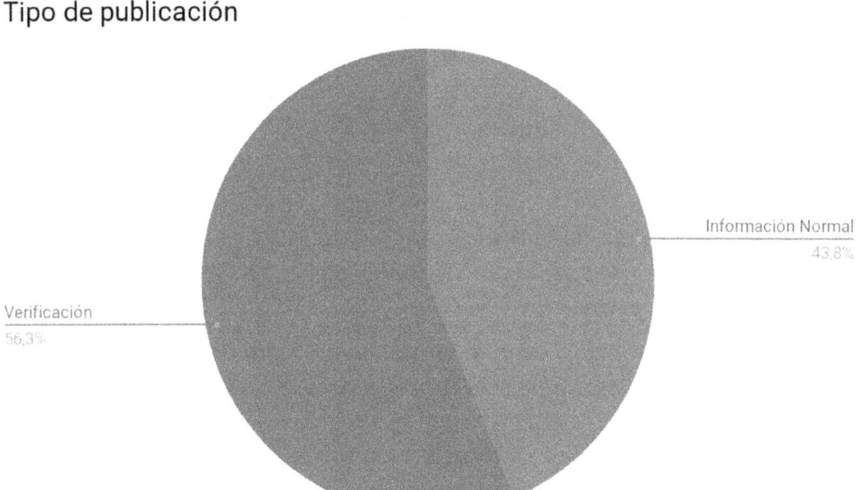

Este resultado permite comprender el rol y el papel que jugó *Verificado.mx* en la campaña electoral mexicana. La inexistencia de una gran diferencia, pues los contenidos pertenecientes a verificaciones fueron del 56'3%, llevan a establecer que *Verificado.mx* no sólo fue una lucha contra la desinformación a base de la estrategia de verificación sino que también promovió su propia información.

La siguiente cuestión a analizar fue quién era el candidato que promovía la noticia falsa con el objetivo de observar aquellos candidatos que fueron puestos más en el foco. Así, el candidato que más veces emitió la noticia falsa a través del discurso fue José Antonio Meade (PRI), en un total de 19 ocasiones (19'6%) de aquellos contenidos verificados, seguido muy de cerca por Ricardo Anaya (PAN), con 18 (18'6%). En 16 ocasiones el autor no aparecía o no era nadie (16,5%), mientras que López Obrador lo fue en 12 ocasiones (12,4%) y el candidato independiente, Jaime Rodríguez, en 10 (10'3%). En cuanto a los partidos, el más nombrado fue el PRI, con un total de 10 menciones (10'3%), que contrasta con el PAN, con sólo 5 (5,2%) pese a que sus candidatos sí tuvieron un número muy similar.

Emisor

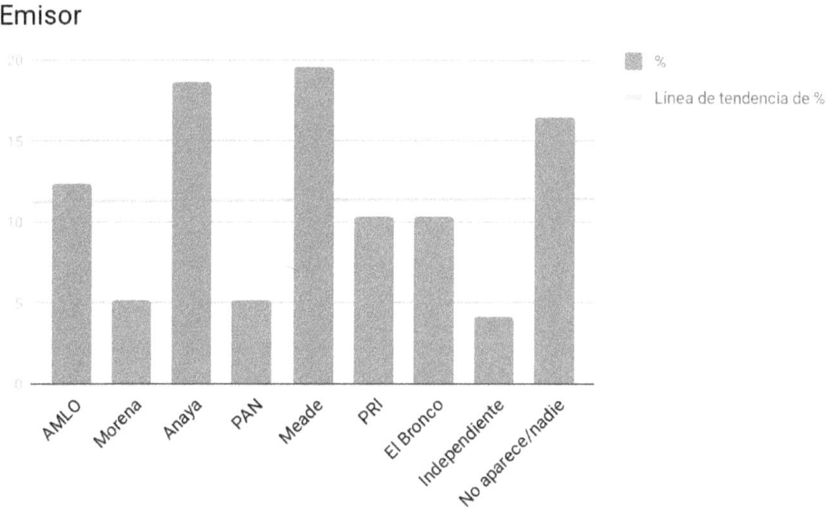

Así, hay que destacar que los candidatos son más nombrados que los partidos políticos, hecho comprensible al tratarse de un sistema presidencialista donde el nombre individual está muy por encima de la formación a la que pertenece. Sin embargo, a través de la metodología cualitativa contenido por contenido se observó que muchas de las noticias falsas que provenían tanto de José Antonio Meade como de Ricardo Anaya no fueron categorizadas en sus procesos de verificación, lo que eliminó un posible desgaste si éstas hubieran sido establecidas como falsas.

La siguiente pregunta que se realizó fue acerca de quién recibía la noticia falsa, sobre quién recaía la afirmación o el hecho que se había emitido. Con esto se pretendía observar quién era el candidato, partido o institución más afectado por este fenómeno. De los resultados se extrapolan dos consideraciones fundamentales. En primer lugar, el número de verificaciones en las que no aparece o no hay un actor político sobre el que recae la noticia falsa (54'3%). Esto encuentra su explicación en que a menudo las desinformaciones buscan confundir datos, hechos que no necesariamente rivalizan con otro candidato. De algún modo, puede considerarse como una estrategia de desgaste indirecto, para evitar parecer que un candidato ataca demasiado a otro.

Receptor

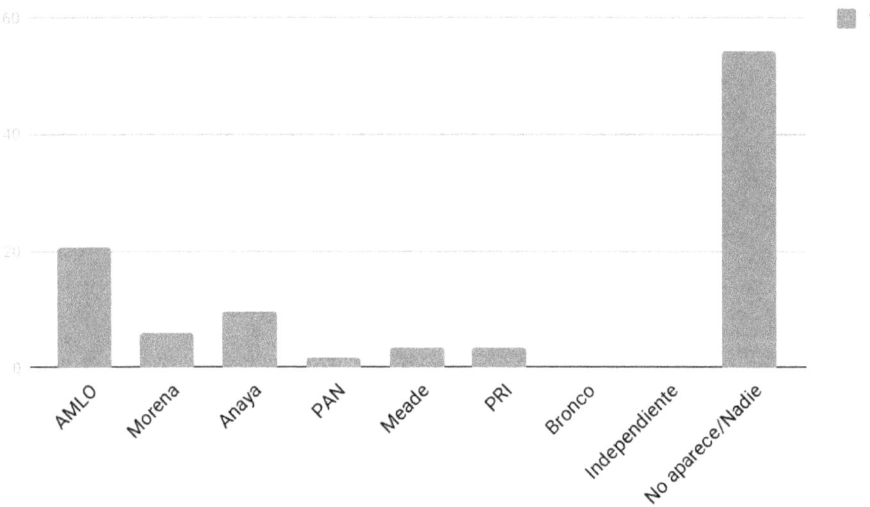

En segundo lugar, Andrés Manuel López Obrador es, con diferencia (20'7%), el candidato que más noticias falsas posee con un rol de receptor. Más del doble que el segundo, Ricardo Anaya (9'5%). Esto denota que fue el gran objetivo de la desinformación en la campaña electoral, el punto de mira. O, al menos, el que *Verificado.mx* recogió. Morena, como partido, casi duplica al PRI y su candidato, José Antonio Meade (6% frente al 3'4% de los dos últimos ítems).

La siguiente cuestión abarcó aquellas temáticas a las que hacía referencia la verificación. Los resultados son reveladores, tanto por una fuerte presencia como por omisión. La propia campaña electoral (43'6%) es, al final, el elemento clave que retroalimenta a las *fake news*. Fue la temática que más se abordó en todas las verificaciones, hechos y declaraciones concernientes a la propia campaña. La economía, casi a la mitad (23'4%), fue la segunda temática más repetida, cuestión que muestra cómo el discurso se centró en estos dos elementos.

Temática

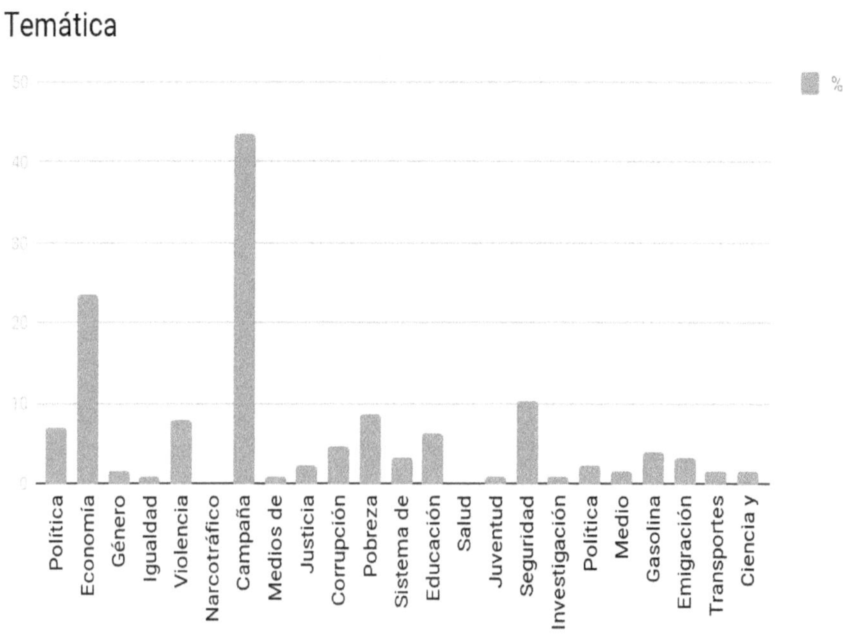

La seguridad (10'2%), la pobreza (8'6%), la violencia (7'8%), la política (7%), la corrupción (4'7%), el petróleo (3'9%) y los fenómenos migratorios (3'1%), son las otras temáticas con más presencia en el discurso. La gran omisión es uno de los grandes problemas estructurales de México. El narcotráfico no aparece para nada, no es mencionado ni una sola ocasión, pese a que la violencia o la seguridad son, como se han visto, temáticas recurrentes.

Con respecto a los contenidos, se quiso valorar si estos procedían de la prensa convencional, de productos audiovisuales o de las redes sociales. Son éstas, con un 37'5%, los que predominan, compartiendo así su carácter potencial de viralidad. Audiovisual (33'3%) y prensa (29'2%) también se reparten notablemente presencia, aunque cabe destacar la necesidad de reajustar la definición de estos ítems pues a lo largo de la investigación han suscitado problemas a la hora de categorizar. Sin embargo, sí hay que mencionar que apenas 48 de las 117 verificaciones se ajustan a este tipo de contenidos, lo que expone el debate público más allá de lo mediático.

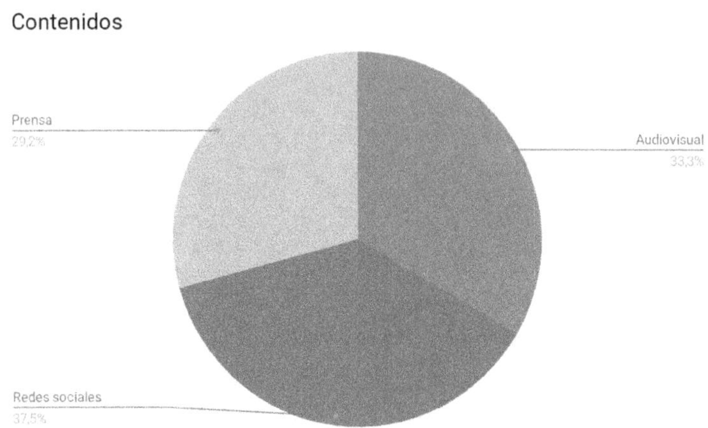

Posteriormente se pasó a analizar el tipo de categoría que otorgaba Ve-*rificado* para comprobar el resultado final de las verificaciones de las noticias falsas y *fact-checkings* seleccionados por la plataforma. Las *fake news* persiguen, claramente, el objetivo de confundir y engañar a la opinión pública. Resultado de esto es que las categorías de falso (33'3%) y engañoso (17'7%) suman la mitad porcentual.

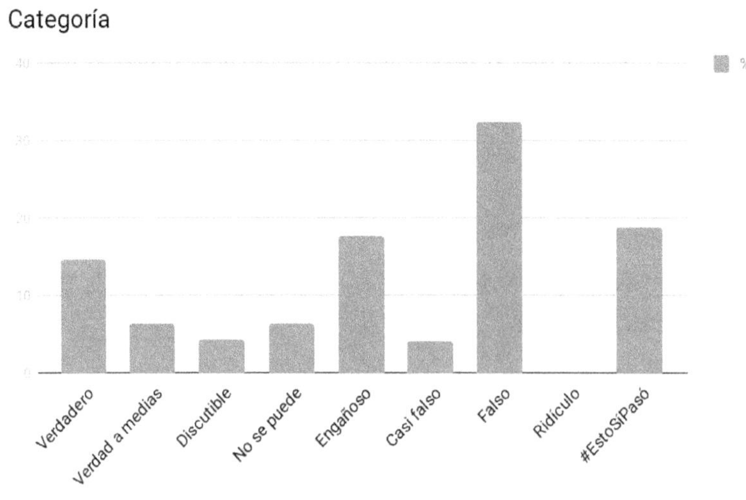

Sin embargo, sorprende que el porcentaje de verificaciones que acaban siendo verdaderas es elevado, con un 14'6%. La categoría #EstoSíPasó permite observar el gran peligro de las *fake news*. La desconfianza que se genera ya gracias a la toma de conciencia de este fenómeno obliga a que haya un gran porcentaje de noticias que parecen inverosímiles o menos creíbles pero que realmente son ciertas. Hablamos, en este caso, de un 18'8%, la segunda categoría más cuantiosa.

En cuanto a las fechas, este ítem pretendía observar la evolución de estos contenidos a lo largo de la campaña electoral, que en el caso de México es notablemente extensa, de 180 días. Mayo (37'9%) y junio (29'4%) son los principales meses, lo que muestra que la cantidad va in crescendo a medida que se acercan los comicios en el proceso temporal. Las elecciones se celebraron el 1 de julio de 2018, y *Verificado.mx* cerró su actividad el 6 del mismo mes, razón por la cual el mes de julio apenas cuenta con un porcentaje significativo.

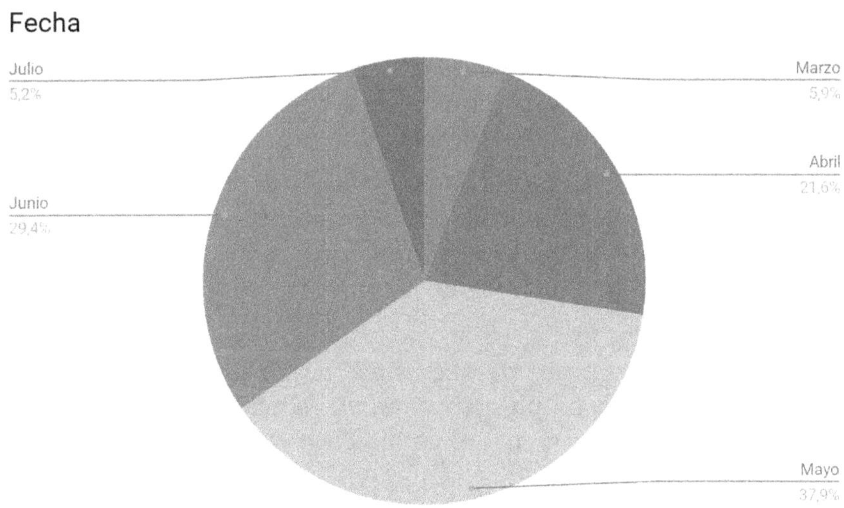

Pero, más allá de los datos, a raíz de esta investigación y gracias a la labor cualitativa llevada a cabo en la misma hay que exponer otras cuestiones. A partir de la recolección de datos se ha observado hechos tan relevantes como casi definitivos para analizar este objeto de estudio que es *Verificado.mx*. En primer lugar, para mejorar las conclusiones sería ideal realizar un conteo cruzado de los datos, lo que nos ayudaría a ver qué candidato es más proclive a una noticia falsa de carácter engañosa o que resulta verdadera, etc. Esto nos ofrecerá una panorámica mucho más completa y rica.

La metodología cuantitativa es limitada. La riqueza de este trabajo ha sido leer cada una de las verificaciones que se han realizado, porque ahí es donde se puede encontrar el sesgo más sibilino y sigiloso. Teniendo en cuenta lo anterior, se detecta que *Verificado.mx* es más flexible con los candidatos José Antonio Meade, sobre todo, y Ricardo Anaya, mientras que se muestra más agresivo y riguroso con Andrés Manuel López Obrador y, en menor medida, Jaime Rodríguez "El Bronco".

Se detecta en tanto que noticias falsas, aportaciones engañosas de los dos primeros candidatos, son publicadas pero no categorizadas, por lo que en este estudio no saldrían como generadores de *fake news* si no fuera por esta visión cualitativa. El celo es mucho más grande en Andrés Manuel López Obrador, que no sólo recibe el mayor número de *fake news*, sino que además en los procesos de verificación ha recibido mayor exigencia en situaciones similares a sus contrincantes.

7. Conclusiones

En base a todo lo visto en las páginas anteriores, tanto en el estudio de *Verificado.mx* como medio, como de la recolección de datos a través de las fichas de análisis realizadas para observar las verificaciones de esta web, se extraen valiosas conclusiones que nos sorprenden con lo esperado inicialmente. Podríamos dividir éstas en siete:

- La alternativa que no es alternativa. *Verificado.mx* surge como un proyecto para combatir la desinformación en esta era mediática y desenfrenada, pero muestra un sesgo hacia posturas tradicionales y convencionales en el sistema de medios de comunicación.

- Se corre el riesgo de que estas iniciativas correspondan a un intento de la propia estructura mediática de limpiar su imagen para otorgarse de nuevo credibilidad como papel de contrapoder.

- Estos dos puntos se hilvanan a raíz de lo visto en quienes participan de *Verificado.mx*. La presencia de grandes corporaciones pone en duda que el proyecto pueda realizar esa labor que se objetiva. Más en un país como México, cuyos medios no sólo pertenecen a la oligarquía económica, sino que están tremendamente politizados.

- Andrés Manuel López Obrador es el principal perjudicado de este universo de *fake news*. Recibe la mayor parte de las mismas, teniendo en cuenta además la minoría de *fake news* personificadas hacia un candidato.

- *Verificado.mx*, como portal, muestra unas lagunas notables en sus procesos de verificación. Puede considerarse que su funcionamiento es inferior a la altura de sus expectativas.

- Las campañas electorales se retroalimentan por sí mismas. Si a este hecho se le une el uso de *fake news* como estrategia, los procesos previos a las elecciones se convierten en un escenario de peligroso barro informativo.

- El aumento desorbitado de este fenómeno en el soporte internet desplaza el debate político hacia una realidad virtual que ni siquiera existe como realidad. El debate público acerca de las elecciones se lleva a una escena, a un decorado en el que la verdad y los datos ya no importan, sino que sólo las creencias valen con tal de defender unas premisas ideológicas. Esto, sin ningún tipo de duda, y con todas las alarmas encendidas, empobrece enormemente las aspiraciones más básicas de toda democracia.

Referencias bibliográficas

Fuentes, J. y Fernández Sebastián, J. (1997). Historia del periodismo español: prensa, política y opinión pública en la España contemporánea. Madrid: Síntesis.

Mancinas-Chávez, R. (2009). La estructura mediática de México y el caso del Estado de Chihuahua: prensa, radio, televisión e internet. Tesis doctoral. Universidad de Sevilla.

Mancinas-Chávez, R., Ortega Pérez, A. y Vidal Bonifaz, F. (2016). La penetración de sectores ajenos a la comunicación en los grupos mediáticos. El caso del grupo Televisa. Global Media Journal México. Vol. 13. N° 24. Pp. 43-58.

Mancinas-Chávez, R. y Moya López, D. (2018). Lucha a muerte por un click. La adaptación de los contenidos informativos a las necesidades de financiación en prensa digital. En Nogales Bocio, A., Solans García, M. y Marta Lazo, C. (2018). Estándares e indicadores para la calidad informativa en los medios digitales. Sevilla: Egregius Ediciones. Pp. 17-32.

Mosco, V. (1995). The political economy of Communication: Rethinking and Renewal. Londres: Sage publications.

Noaín-Sánchez, A. (2019). Periodismo de confirmación vs. Desinformación: Verificado18 y las elecciones mexicanas de 2018. Ámbitos. Revista internacional de comunicación. N° 43. Pp. 95-114.

Reig, R. (2011). Los dueños del periodismo. Barcelona: Gedisa.

Sánchez Gutiérrez, B. y Moya López, D. (2016). Nuevo soporte, nuevos medios, viejos dueños. Aproximación estructural a la prensa digital en España. En Nogales Bocio, A. (2016). Comunicación y poder en la Red. Casos de estudio y propuestas para el empoderamiento. Sevilla: Egregius Ediciones.

*Este libro se terminó de elaborar en septiembre de 2019
en la ciudad de Sevilla, bajo los cuidados de
Francisco Anaya, director de Ediciones Egregius.*

www.ingramcontent.com/pod-product-compliance
Lightning Source LLC
LaVergne TN
LVHW050830200726
843507LV00001B/252